楚江亭 苏君阳 毛亚庆◎主编

郭德侠◎编著

XIAOZHANG
RUHE TISHENG
KECHENG
LINGDAOLI

校长如何提升课程领导力

北京师范大学出版集团
BEIJING NORMAL UNIVERSITY PUBLISHING GROUP
北京师范大学出版社

图书在版编目（CIP）数据

校长如何提升课程领导力/郭德侠编著 . —北京：北京师范
大学出版社，2016.1（2025.7 重印）
中小学校校长培训用书/楚江亭，苏君阳，毛亚庆主编
ISBN 978-7-303-19242-7

Ⅰ.①校… Ⅱ.①郭… Ⅲ.①中小学－校长－学校管理－
师资培训－教材 Ⅳ.①G637.1

中国版本图书馆 CIP 数据核字（2015）第 172955 号

出版发行：北京师范大学出版社 https://www.bnupg.com
　　　　　北京市西城区新街口外大街 12-3 号
　　　　　邮政编码：100088
印　　刷：天津中印联印务有限公司
经　　销：全国新华书店
开　　本：730 mm×980 mm　1/16
印　　张：13.5
字　　数：160 千字
版　　次：2016 年 1 月第 1 版
印　　次：2025 年 7 月第 7 次印刷
定　　价：45.00 元

策划编辑：伊师孟　　　　　　　责任编辑：鲍红玉
美术编辑：焦　丽　　　　　　　装帧设计：焦　丽
责任校对：陈　民　　　　　　　责任印制：马　洁

总　　序

　　一个好校长，可以成就一所好学校；一批教育家，可以影响国家和民族的未来。为此，《国家中长期教育改革和发展规划纲要（2010—2020 年）》提出"要造就一批杰出的教育家"，并大力倡导"教育家办学""创建特色学校"等。要让校长成为教育家，让教育家来管理学校、培养祖国的下一代，使学校成为优质、特色学校，是中国社会发展对学校教育的诉求，也是广大人民群众的呼声。

　　为促进义务教育学校校长专业发展、建设高素质的校长队伍，深入推进义务教育均衡发展，根据《中华人民共和国教育法》和《中华人民共和国义务教育法》的规定及相关原则，2012 年 12 月，国家教育部出台了《义务教育学校校长专业标准（试行）》（以下简称《标准》）。该《标准》是对义务教育学校合格校长专业素质的基本要求，是制定义务教育学校校长任职资格标准、培训课程标准、考核评价标准等的重要依据。其基本理念主要包括以下五个方面。

　　第一，以德为先。该《标准》坚持社会主义办学方向，贯彻党和国家的教育方针政策，将社会主义核心价值体系融入学校教育全过程，依法履行法律赋予的权利和义务；热爱教育事业和学校管理工作，具有服务国家、服务人民的社会责任感和使命感；履行职业道德规范，立德树人、为人师表、公正廉洁、关爱师生、尊重师生人格。

第二，育人为本。把促进每个学生健康成长作为学校一切工作的出发点和落脚点，扶持困难群体，推动平等接受教育；遵循教育规律，注重教育内涵发展，始终把全面提高义务教育质量放在重要位置，使每个学生都能接受有质量的义务教育；树立正确的人才观和科学的质量观，全面实施素质教育，为每个学生提供适合的教育，促进学生生动活泼地发展。

第三，引领发展。校长作为学校改革发展的带头人，担负着引领学校和教师发展、促进学生全面发展与个性发展的重任；将发展作为学校工作的第一要务，秉承先进教育理念和管理理念，建立健全学校各项规章制度，完善学校目标管理和绩效管理机制，实施科学、民主管理，推动学校可持续发展。

第四，能力为重。将教育管理理论与学校管理实践相结合，突出学校管理的实践能力和创新能力，不断提高与完善规划学校发展、营造育人文化、领导课程教学、引领教师成长、优化内部管理和调适外部环境等方面的能力；坚持实践、反思、再实践、再反思，强化专业能力提升。

第五，终身学习。牢固树立终身学习的观念，将学习作为改进工作的不竭动力；优化知识结构，提高自身科学文化素养；与时俱进，及时把握国内外教育改革与发展的趋势；注重学习型组织建设，使学校成为师生共同学习的家园。

该《标准》的基本内容分为六大领域，即：规划学校发展、营造育人文化、领导课程教学、引领教师成长、优化内部管理、调适外部环境。每一领域又提出了相应的专业要求，包括：专业理解与认识、专业知识与方法、专业能力与行为三个具体方面。比如在"优化内部管理"方面，其"专业理解与认识"的内容主要有："坚持依法治校，自觉接受师生员工和社会的监督。崇尚以德立校，处事公正、严格律己、廉洁奉献。倡导民主管理和科学管理，坚持教书育人、管理育人、服务育人。""专业知识与方法"的内容主要有："把握国家相关政策对校长的职责定位和工作要求。掌握学校管理的基本理论与方法，了解国内外学校管理的变化趋势。熟悉学校人事财务、资产后勤、校园网络、安全保卫与卫生健康等管理实务。""专业能力与行为"的内容主要有："形成学校领导班子的凝聚力，发挥党组织的政治核心作用，充分听取党组织对学校重大决策的意见。尊重和支持教职工代表大会参与学校管理的民主权利，定期向教职工代表大会报告工作，实行校务会议等管理制度。建立健全学校人事、财务、资产管理等规章制度，提高学校管理规范化水平，不得违反国家规定收取费用，不得以向学生推销或者变相推销商品、服务等方式谋取利益。努力打造平安校园，建立和完善学校各种应急管理机制，定期实施安全演练，正确应对和妥善处置学校突发事件。"

在实施要求方面，该《标准》指出：第一，本《标准》适用于国家和社会力量举办的全日制义务教育学校的正、副校长。各地可据此制订符合本地区实际情况的实施意见，并在执行过程中逐步完善。第二，各地应将该《标准》作为义务教育学校校长队伍建设和校长管理的重要依据，发挥其引领和导向作用，制订校长队伍建设规划、严格任职资格标准、完善校长选拔任用制度、推行校长职级制、建立校长培养培训质量保障体系、形成科学有效的校长队伍建设与管理机制，为实现义务教育均衡发展提供制度保障。第三，有关培训机构要将该《标准》作为校长培养培训的主要依据，重视校长的职业特点，加强相关学科和专业建设。根据校长发展阶段的不同需求，完善培养培训方案、科学设置培养培训课程、改革教育教学方式。注重校长职业理想与职业道德教育，增强校长教书育人、管理育人的责任感和使命感。第四，义务教育学校校长要将该《标准》作为自身专业发展的基本准则。制订自我专业发展规划、爱岗敬业、增强专业发展自觉性；大胆开展学校管理实践，不断创新；积极进行自我评价，主动参加校长培训和自主研修，不断提升专业发展水平，努力成为教育教学和学校管理专家。

为更好地帮助校长在多、杂、碎、烦的学校管理工作中扮演好学校管理者的角色，结合几年来我们参与联合国儿童基金会、国家教育部和有关省市基础教育发展项目的经验，特别是与不同类型学校的校长深度接触、感受其角色、分析其工作、深知校长工作的意义与价值的基础上，我们组织本领域的资深专家、学者共同编写了这套丛书。本套丛书共分六册，分别是《校长如何规划学校发展》《校长如何营造育人文化》《校长如何提升课程领导力》《校长如何引领教师成长》《校长如何优化内部管理》《校长如何调适外部环境》。

在该丛书的编写原则、基本要求上，我们注重：第一，切合中小学校长的阅读口味，让校长喜欢看，具有可读性；第二，以通俗易懂的方式呈现相关理论、模式、策略等，避免理论性过强；第三，注重选择经典案例进行分析；第四，清楚阐明某项事情的具体做法、技术要求等；第五，解决校长的现实困惑，提出明确的注意事项。

　　该丛书在编写思路上强调：第一，从各种相关资料（文献、校长微博或 QQ 等）中呈现校长遇到的某一领域的问题，发现其价值或意义；第二，清楚呈现该领域的核心概念、历史演变、相关理论等；第三，如何有效开展该领域的工作？解读中外经典理论、阐释重要理念，并结合中国实际，说明实施步骤、评价方法等；第四，介绍涉及的技术、模式、策略、方法等，会增加经典案例分析说明；第五，展现不同群体的评价与反思；第六，有关结论及对校长做好该领域工作的意见或建议。

　　真诚祝愿每位校长都能从该丛书中受益，祝大家成为中国的优秀校长。

楚江亭

于北京师范大学英东教育楼

2015 年 2 月 25 日

目　　录

引　言

　　自 21 世纪以来，随着互联网的普及和传媒形式的多样化，知识和信息也空前膨胀，其传播的速度和方式也更加迅速和多元。课程作为教育的重要话题，自然也成为这个创新时代要变革的对象。在我国中小学开展课程变革的同时，不少专家学者对以往的课程变革经验进行了深入的研究，目的在于为当今的课程变革提供一些经验借鉴。美国著名的兰德变革研究发现，学校改革要取得成效，就必须在注重外在主体因素的同时，充分给予学校内部人员时间和权威来实施变革，这是变革得以机制化的主要途径（Berman，P. B. & McLaughlin，M. W.，1979）。此后，学者们还发现，无论多么好的变革计划，多么好的课程改革方案，如果不适合学校的具体情况，得不到师生们的认可，那么这种变革的方案一定不会成功。正如一位学者所概括的：

　　"课程变革是一个非线性的、复杂的过程，学校之外的关于课程变革的设想，即使非常完美，也不可避免的在学校和课堂实施中遇到问题。

　　"课程变革方案的可靠或完美固然十分重要，但是，课程变革的过程、过程中所牵涉的人员（校长和教师）对变革的准备和参与程度，以及来自校外(社区和教育当局)和校内(学校领导和学校文化)的支持,对于变革的进展,也是相当重要的。

"课程变革即使不完全源于校内,也应该保持对学校背景和教师文化的敏感性,有意义的教育变革不可能凭空产生。

"理想的变革是一个连续的过程,也是一个与学校日常的教育活动或者教师的日常专业活动发生密切联系的过程。

"每一个人,尤其是每一个教师,都是课程变革的主体,课程变革应该是一个广泛参与的活动,不应该也不可能由某一个部门或一个组织独自承担。

"课程变革,对外应该和广阔的社会背景联系起来,以和其他社会资源合作进行教学变革;对内则应该进行组织重构和文化重建。"[①]

因此,人们开始将课程变革的注意力转向了课程变革的前线——学校层面,研究者们越来越多地关注学校的校长和教师在课程变革过程中的重要作用。从某种意义上说,学校是课程变革的关键,课程变革能否落到实处,课程实施的效果如何,主要看学校的课程领导水平如何。学校层面的课程变革,主要涉及两类人:一是以教师和学生为主的课程使用者;二是以校长为主的学校领导者。如果说学校是课程变革成败的关键因素的话,那么,学校的课程领导,特别是校长,则是学校课程改革层面上最为关键的主体性因素。

首先,校长是学校的一把手,校长成为课程变革的主体,意味着校长应该是一个引领者,要明确并引领课程的改革方向。其次,校长在学校课程领导中,还应该是一个协商者,需要得到教师和学生的支

---

① 王建军.合作的课程变革中的教师专业发展:上海市"新基础教育实验"个案研究[D].香港:香港中文大学,2002:21.

持，需要拥有众多的同行者和支持者。最后，校长在面对改革的时候，要想取得改革的成功，就需要深入地学习，对自己提出挑战，更深入地了解自己、自我反思，也就是说，校长在课程改革的过程中，还应该成为一个学习者和自我反思者。课程领导，简单地说，就是课程和行政之间交汇的区域。校长作为课程的领导者，不仅要熟悉课程事务，在课程变革中进行专业引领，而且还要善于综合协调校内外事和人的关系，保障课程变革顺利实施。可以说，这种专业引领和行政协调，是我们今天所提倡的团体协作、同伴互助的基础，没有校长的课程领导，也就没有课程改革的推进动力。

当我们讨论学校课程领导力时，必须涉及如下几个问题。第一，为什么要研究校长课程领导力这一问题，研究这个问题有什么现实意义。它对于学校的发展和校长自身来说有什么必要性。第二，在整个学校课程变革的过程中，仅仅靠校长的推进力或领导力是否就能够保证课程改革顺利进行。在提倡多元化的今天，我们的课程领导者不能仅仅是校长或学校少数领导者；相反，教师在课程领导中的作用应该被大力提倡。那么，如何激励教师对课程改革的热情，这是衡量校长课程领导力水平的重要方面。第三，校长课程领导是要校长自己直接领导课程改革吗？显然不是，校长课程领导主要是校长如何去领导课程的实践者——教师，以及与课程利益相关的人员和组织，只有有效地激发了他们的课程改革热情、提高了教师及其利益相关者参与课程改革的积极性和参与能力，校长的课程领导才算真正发挥了其应有的作用。第四，校长课程领导力的构成要素如何，校长在学校的课程变革中应该扮演什么角色，在现实工作中，校长们的课程领导角色扮演得如何，他们都遇到了什么样的问题和困难，等等。解决这些问题的对策，都是本书要讨论的问题。

第一章　校长课程领导力的相关概念

一、课程改革呼唤校长课程领导力的提升

从中外课程发展的历史来看，为数不少的课程改革并没有达到令人满意的效果。如 20 世纪五六十年代的美国新课程改革，专家学者们自以为课程改革计划设计得非常完满，但课程改革的方案却以失败告终，其经验和教训值得我们深入地研究和思考。当时美国的课程管理体制应是改革没有成功的一个重要原因，它把真正处于教学第一线的教师排斥在课程方案的制订工作之外。对于校长和教师来说，他们只是课程改革方案的监督者和执行者，没有资格参与课程的制定，在整个课程改革的过程中，学校没有什么话语权。而我们今天的中小学，已经实现了三级课程管理体制，课程教学的权力得到下放，校长的课程领导权力也得以扩大，随之对校长的课程与教学的领导力也提出了更高的要求。

(一)三级课程管理体制要求校长提升课程领导力

西方近两百年的课程发展史表明，一个国家的课程行政管理体

制，影响和决定了这个国家的课程开发和校本课程开发的过程和结果。同时，国家的课程行政管理体制也决定了国家、地方和学校在课程决策上的权力分配结构。我国目前实行的是国家、地方和校本三级课程管理制度，实现了课程的集权和分权的结合，增强了课程对地方、学校以及学生的适应性，这种三级课程管理政策的实施，为课程适应地方经济、文化发展的特殊性，满足学生个性发展的需要，以及体现学校办学的独特性，都创造了良好的条件。

在这种三级课程管理体制下，学校改变了在以往课程发展中的被动执行者的角色，被赋予一定的课程权力。落实这部分权力，离不开校长的课程领导。校长是一所学校行政、业务工作的最高领导者，拥有对学校最直接的管理权限。然而，我国中小学校长的课程领导角色长期被忽视，人们更多关注的是校长作为行政领导者的角色。校长履行的主要是一种管理的职责：对学生的管理、对教师教学的管理。当然，这是对校长的一般要求，也是从教育行政的角度对"校长"这一概念的传统界定。而要成功地担负起这个责任，就必须提高校长的课程领导力。[①] 课程领导对校长而言是一个全新的课题，也是一个极大的挑战。如何提升校长的课程领导力，是教育理论与实践亟待解决的重要问题，也更需要校长本人去深入思考和践行。

(二)课程改革对校长的课程角色与领导意识提出了新的要求

在我国，校长的课程领导角色及其责任长期被忽视，人们更多关注的是校长作为行政领导者的角色。校长履行的是一种对学生的管

---

① 赵永勤.论校长课程领导的理念与策略[D].重庆：西南师范大学，2000：3.

理、对教师教学的管理的职责。因为我国中小学长期实行全国统一的教学计划、教学大纲和教材，学校只需要执行教学计划和教学大纲，而不需要考虑课程建设的问题。而在当今的课程改革的过程中，校长除了要发挥原有的管理职能外，还要体现对课程与教学改革的关注，并证明自己在该领域的专业水准。这已经不再是传统意义上的管理职责，而是在课程改革的背景下校长必须承担的新职责——课程领导的职责。①

在课程改革的过程中，课程管理赋予了校长更多的权利与义务，校长不仅承担着国家课程、地方课程有效实施的责任，还承担着提升课程品质、研发校本课程以及协助教师的专业发展的重任。在这种新的教育背景下，校长必须更新自身的课程理念和角色意识，主动从"行政"权威向"专业"权威转变，即校长作为新课程改革的主体，不仅要在学校的日常行政工作中有所作为，还要成为课程团队的建设者和领导者，课程的规划者，课程方案的制订者。所以，这些都需要校长能够准确地定位自身的课程角色，深刻理解其角色的内涵，有效地履行校长的角色职能。

(三)建构主义课程观也使得校长的课程领导成为必需

20世纪中期以来，建构主义成为风靡全球的理论派别。建构主义主张世界是客观存在的，但是对于世界的意义赋予却是由每个人自己决定的。个人都是根据自己的经验和认知结构，对客观世界做出自己的主观解读和思考。在此种意义之下，课程是教师和学生对世界进

---

① 陈明宏. 校长课程领导的研究[D]. 上海：华东师范大学，2007：3-4.

行意义建构的资源条件，课程也直接影响着学生的学习质量和水平。当今，这种建构主义课程观已经日益受到教育界人士的重视。所以，如何设置科学、合理的课程，如何使学生通过课程教学获得最大程度的发展，就需要校长有较强的课程领导力。

"课程领导"之所以取代传统的"课程管理"，主要之意在于摆脱课程管理自上而下的官僚体制的监控和管制。传统的课程管理体制主要依靠规章制度，通过自上而下的信息传输机制，把专家学者确定的课程交送给教师，规定和限制他们采用忠实取向的课程实施模式。在此，课程是一种外在于教师的客观存在。这种体制限制了教师对课程的建构，削弱了教师在课程之中的积极地位。教师是最直接的课程实施者，对课程发展的作用可谓举足轻重。建构主义课程观下，教师成为积极的课程建构者，在国家、地方课程的框架内，根据自己的经验和知识构架建构课程，依此引导学生对课程进行积极、合理的自我建构。这就要求教师要拥有一定的课程权力、较高的专业素养、民主宽松的学校文化氛围等，校长课程领导的真正落实为这些要求得以满足创造了积极的条件。因此，建构主义课程使得校长的课程领导成为一种必要。[①]

目前，我国教育界对中小学校长的课程领导力的研究还处于探索的初期阶段，还没有成熟的理论来指导实践。本书尝试在校长课程领导方面进行探索和研究，为校长课程领导力的提升提供一些启迪，从而促进新课程改革的成效。本书要解决的主要问题是：如何理解校长的课程领导力？中小学校长的课程领导力的构成要素有哪些？校长在

---

① 赵永勤.论校长课程领导的理念与策略[D].重庆：西南师范大学，2005：3.

课程改革中应该扮演什么样的角色？造成校长课程领导力不足的原因有哪些？应该采取哪些方法和措施来提升校长课程领导力？

二、校长课程领导力的相关概念

学校不仅是培养人的基地，更是培养人才的基地。尤其是中小学阶段，对人的性格的培养与塑造尤为重要。培养是一个过程，教育的目标不仅仅是使学生具有丰富的义化知识，更应该注重对其人格的塑造，这种塑造是无形的，潜移默化的，受各种因素制约的，尤其是课程对学生的影响甚大。一些具有特色的课程及其实践，有利于激发学生的兴趣，有助于挖掘学生的某些潜在的特质。所以，科学、合理并富有地方特色的课程设计和实施，能够全面提高学生的自身素质和能力，塑造学生的人格，使学生获得全面发展。而校长在整个课程规划和实施的过程中，应该发挥非常重要的领导作用。

新课程改革以来，校长在课程领导中的作用及其课程领导力提升问题已经引起了众多学者和校长自身的广泛关注，而要探讨校长在课程改革中扮演的角色和所起的作用，我们首先要搞清楚几个基本概念，如什么是课程，什么是领导力，什么是课程领导力，什么是校长的课程领导力等。只有充分理解并区分这几个概念，才能更深入地探讨校长课程领导力的现状和存在的问题，进而才能更好地对提升校长课程领导力提出有针对性的对策和建议。

(一)课程

从国内外学者对"课程"这一概念的研究和界定情况来看，不同的研究者对"课程"这一概念的理解和认识存在着较大的差异。什么是课程？课程的含义是什么？我们应该怎样认识课程？这一课程研究的元问题便成为我们必须首先澄清的问题。

关于课程的定义，不同的学科、不同的学者有不同的看法，可谓仁者见仁，智者见智。所以，一个公认的、理想的定义很难达成。在我国，"课程"一词始见于唐代孔颖达的《五经正义》："教护课程，必君子监之，乃得依法制也。"南宋朱熹在《朱子全书·论学》中有"宽着期限，紧着课程""小立课程，大作工夫"等表述，这里的课程含有分担工作的程度，学习的范围、时限、进程，或是教学与研究的专门领域的意思。在西方英语国家，课程的英文为"curriculum"，来源于拉丁文"跑道（race-course）"一词。根据这个词源的意思，最常见的课程定义是"学习的进程"（course of study），简称"学程"。这一解释在各种英文字典里是很普遍的。

然而，在当代的课程文献中，这种解说受到越来越多的不满和批评。目前已有的课程定义繁多，几乎每个课程研究者都有自己对课程的认识和理解。从现有的研究文献来看，若把各种课程定义加以归类，大致可分为以下五类：

1. 课程即教学科目、学科

把课程等同于所教的科目，在历史上由来已久。我国古代课程有礼、乐、射、御、书、数，称为"六艺"；欧洲中世纪初的课程有文法、修辞、辩证法、算术、几何、音乐、天文学，称为"七艺"。事实上，西方的学校是在"七艺"的基础上增加其他学科，逐渐建立起了现代学校课程体系。目前我国的《辞海》《中国大百科全书》以及众多教育学教材都认为，课程即学科，或者指学生学习的全部学科——广义的课程，或者指某一门学科——狭义的课程。① 这一定义的实质，是强调学校向学生传授学科的知识体系，是一种典型的"教程"。

2. 课程即有计划的教学活动

这一定义把教学的范围、序列和进程，甚至把教学方法和教学设计等所有有计划的教学活动都组合在一起，以图对课程有一个较全面的看法。例如，美国课程理论家塔巴（H. Taba）认为，课程是"一种学习计划。"②我国也有学者认为："课程是指一定学科有目的、有计划的教学进程。这个进程有量、质方面的要求，它也泛指各级各类学校某级学生所应学习的学科总和及其进程和安排。"③

3. 课程即预期的学习结果

一些学者认为，课程是"通过有组织地重建知识和经验而得到系统阐述的有计划、有指导的学习经验和预期的学习结果，在学校的帮助下，推动学习者个人的社会能力不断地、有目的地向前发展。"④（Tanner & Tanner，1975）

4. 课程即学习经验

还有一些学者认为，课程是"学习者在学校的指导下所学得的全部经验"④（Foshay，1969）。把课程定义为学习经验，试图把握学生实际学到了什么。经验是通过学生对所从事的学习活动的思考而形成的。课程是指学生体验到的意义，而不是要学生再现的事实或要学生

---

① 上海师范大学《教育学》编写组．教育学［M］．北京：人民教育出版社，1979：97.

② Hilda Taba. *Curriculum development*：*Theory and Practice*. Harcourt，Brace & World，1962.

③ 吴杰．教学论［M］．长春：吉林人民出版社，1986：5-6.

④④ 江山野（译）．简明国际教育百科全书［M］．北京：教育科学出版社，1991：65.

演示的行为。虽然说经验要通过活动才能获得，但活动本身并不是关键所在，因为每个学生都是独特的学习者，他们从同一活动中获得的经验都各不相同。所以，学生的学习取决于他自己做了些什么，而不是教师做了些什么。也就是说，唯有学习经验，才是学生实际认识到的或学习到的课程。这种课程定义的核心，是把课程的重点从教材转向了个人。从理论上讲，这种课程定义过于宽泛，把学生的个人经验都包容进来，以致对课程的研究无从入手。

5. 课程是社会文化的一种选择

英国著名课程论专家劳顿（D. Lawton）从社会学角度来界定课程，他认为，"课程在本质上是社会文化的一种选择"，"课程就是学校选择文化的过程，而学校决定优先顺序，付诸实施的方式，就是课程设计"①。

从上述观点可以看到，关于"课程"一词的概念众说纷纭，但我们不能把课程仅仅理解为一本教材，或者一门学科。课程关乎学校的教学发展和质量，所以课程本身是严肃的，不是随意的，必须在新的课程理念的指导下，经过一定的组织机构来开发、研制课程。课程在发展过程中也是不断得到修正和完善的。如施良方教授在他的《课程理论——课程的基础、原理与问题》中谈道："在课程概念界定的基本方法中理解课程的属与种差。下定义的基本方法是属加种差，那么课程的属与种差是什么？"丛立新教授认为，课程的属有三种主要的回答：课程是知识，课程是经验，课程是活动。她更倾向于课程是经验，即认为经验是课程的属。那么，种差是什么？即课程的经验与一般经验

---

① D. Lawtown. *Class, culture and the curriculum*. RKP, 1975: 6-7.

的区别是什么？她做了这样的规定："课程的经验是学习者在教育环境中，在教育者有目的的干预下获得的经验。可能正是因为这样的探索才使得大家在课程定义中突出了'教育性经验'"。[①]

西方的"课程"一词来源于拉丁语中的"跑道"，这是既形象又生动的词根来源，值得去思考。设立跑道的目的就是要有人去奔跑，这些人无疑就是学生，学生是课程实施的直接受众。从这个层面上来看，课程是需要活动来作为载体的。

在参考以上课程定义的基础上，本书关于课程的定义是：学校为促进学生与教师的发展所进行的教学设计、教学规划、教学实施、教学评价等一系列与学校教育有关的活动的总和。

(二)领导力

领导力(leadership challenge)是一种能够激发团队成员热情与想象力的能力，也是一种能够统率团队成员全力以赴去完成目标的能力。它可以被形容为一系列行为的组合，而这些行为将会激励人们跟随领导去要去的地方，而不是简单地服从。根据领导力的定义，我们会看到它存在于我们周围，在管理层，在课堂，在球场，在政府，在军队，在上市跨国公司，在小公司直到一个小家庭，我们可以在各个层次、各个领域看到领导力，它是我们做好每一件事的核心。

领导力还是一种特殊的人际影响力，组织中的每一个人都会去影响他人，也要接受他人的影响，因此，每个员工都具有潜在的和现实的领导力。在组织中，领导者和成员共同推动着团队向着既定的目标

---

① 施良方.课程理论——课程的基础、原理与问题[M].北京：教育科学出版社，1996.

前进，从而构成一个有机的系统。在系统内部具有以下几个要素：领导者的个性特征和领导艺术，员工的主观能动性，领导者与员工之间的积极互动，组织目标的制订以及实现的过程。这个有机的系统能否正常运行，则取决于各要素能否协调地发展。而协调发展的关键就在于领导者和其他成员之间的互动，能否使领导行为双方互动形成统一的认识、情感和行为活动，这是正确发挥领导力的必要条件。

美国前国务卿基辛格（Henry Kissenger）博士说："领导就是要让他的人们，从他们现在的地方，带领他们去还没有去过的地方。"通用汽车副总裁马克·赫根（Mark Hogan）对领导者的描述："记住，是人使事情发生，世界上最好的计划，如果没有人去执行，那它就没有任何意义。我努力让最聪明、最有创造性的人们在我周围。我的目标是永远为那些最优秀、最有天才的人们创造他们想要的工作环境。如果你尊敬人们并且永远保持你的诺言，你将会是一个领导者，不管你在公司的位置高低。"[①]美国著名学者詹姆斯·库泽斯和巴里·波斯纳在他们的《领导力》（第3版）一书中指出："领导力是领导者如何激励他人自愿地在组织中做出卓越成就的能力。"因此，领导力是在实现组织目标的过程中，领导者影响被领导者及部分利益相关者的能力，以及领导者与被领导者和部分利益相关者之间的相互作用；领导力本身既是一种能力，又是一个相互作用的过程。[②]

领导力是一个综合的概念，包含了许多其他能力，如果人们对以

①　参见 http://zhidao. baidu. com/link? url＝ee－ZbIHqbjrPaMTxrLrDVdSecm-HRzUTd1A6FG04M1PvWs7vFl333rmBrnoENvdIqEI6zWfaDtjyTMy7F32DPUnUZi7R1mZpUfX－ZYWCQz2C. 2014-11-24.

②　张爽. 校长领导力：背景、内涵及实践[J]. 中国教育学刊，2007(9).

上的特质不是停留在感觉的层面、印象的层面，而是把它们抽象出来，就会构成一个领导力模型。这个领导力模型具体包括以下几种能力：学习力，是领导人超速的成长能力；决策力，是领导人高瞻远瞩的能力表现；组织力，即领导人选贤任能的能力表现；教导力，是领导人带队育人的能力；感召力，更多地表现为领导人的使人心所向的能力。这个模型不是固定的，可以依据不同学者的观点使其更加丰富。但可以肯定的是，领导力需要领导者具备一些被领导者所没有的能力，尤其是在一个团队中，一个领导者的领导能力高低能够凸显整个团体的能力大小。通常而言，一个具有较高领导力水平的领导在组织中发挥的作用更大；反之，领导力较弱的领导则很难在团队中树立威望，甚至影响整个团队的运作。

(三)校长课程领导

目前，新兴的领导理论代替了 20 世纪初发展起来的管理理论，人们认为，一个成功领导者的角色不是去命令、控制、监督，而是倾听、合作、引导、协调，这种管理思想与当时社会中追求民主、公平、公正的社会思潮遥相呼应，广泛影响着社会变革。正是在这样的背景下，教育领域中也开始探讨管理者的角色向领导者的角色转型的问题，课程领导的概念开始受到重视，并成为一项研究的热点。20世纪 80 年代，对课程领导的阐释和研究报告日渐增多。超越统一的课程标准是课程领导追求的新视角，即学校的课程发展超越地方和国家的统一课程标准模板，开发、调整、改编并持续地改进学校课程。而要想获得成功，学校的领导者和全体员工必须积极参与解决课程问题。

校长课程领导是近年来在我国教育学界凸显的一个重要的研究课题，并日渐影响着学校课程实践和校长的管理与领导方式。目前，在我国基础教育课程改革不断深化的背景下，正确认识校长课程领导的意蕴及其在我国教育领域中兴起的缘由，对于不断丰富和拓展校长课程领导研究、推动校长课程领导的实践，都具有重要意义。

在新课程改革之前，"课程管理"一词被广泛使用，而"课程领导"这一术语的出现，则标志着人们在观念和理念上的转变与更新。领导是个体影响群体实现共同目标的一个过程。领导重在推动变革，产生建设性的变化，领导重在做正确的事情，而管理则重在把事情做正确，保证组织的秩序和一致性。虽然领导与管理存在功能上的明显差别，但两者绝不是不能通融的。特别是在一个"科层"组织中，其最高负责人的领导职能和管理职能的呈现存在着"关系"范畴，对上级组织更显管理职能（贯彻执行），对所负责的组织更显领导职能（主动发展）。我国当今的中小学就是一个具有这样特征的组织。"管理"的职能意味着"被动"状态，而"领导"的职能则意味着"主动"状态。由此我们可以认为，就当今在我国而言，校长课程领导与课程管理是一对关系范畴，反映着校长的两种使命，而不是简单地说一种范式取代另一种范式，即"领导"取代"管理"。

校长相对于上级教育行政主管部门，是被委任者，或被委派者，代表国家教育意志，所以必须履行国家教育意志，忠实执行国家教育培养目标和课程计划。这时，校长承担的就是课程管理的职能，也就是说，校长要把事情做对。与此同时，校长相对于学校而言，是最高领导者，担当引领学校发展的重任。国家统一性的教育目标、课程计划，需要结合本地本校实际，创造性实施，凸显学校办学特色，提高学校核心竞争力，使名校持续地保持其地位，使学校实现跨越式发展。这时，校长的领导使命是相当明显的。在我们今天的中国，校长的这两种使命都是非常必需的。不能因为强调校长课程领导职能，而疏忽乃至排斥校长的课程管理职能。①

就学校自身而言，校长是学校的一把手，也是学校课程的首席领导。那么，什么是校长课程领导？顾名思义，就是校长在课程领导中所发挥的作用以及所扮演的角色。在校长课程领导的具体内涵上，不同学者也有不同的观点。黄旭钧认为，校长课程领导是基于学校的愿景，厘清课程的意义与范围，认清自己的角色，制订具体的课程目标，领导成员针对课程目标、课程设计与发展、课程实施、课程评鉴等方面进行周详的规划，制订合适的学习方案，且在教师的课程进修、研讨、研究、咨询、评鉴中给予充分的支持与引导，以发展教师的专业知能，塑造合作的学校文化，协调整合各种势力与有利资源支持教师的教学，进而提升学生学习的成果与品质。②

杨明全认为，校长课程领导是校长具备一定的课程哲学观、课程专业知识以及明确的办学理念和学校发展愿景，通过领导行为，促进学校成员的专业发展。校长是课程与教学的行家里手，在课程改革中积极推进一系列的课程开发，包括课程规划、设计、实施和评价等，为学生提供适切的学习计划和发展机会，校长为课程改革创造一个良好的环境，创设一种民主、参与、合作、向上的学校文化，鼓励教师参与学校决策及变革。③ 王月美认为，"课程领导是指领导者具备课程

① 鲍东明. 校长课程领导的意蕴与诉求[J]. 中国教育学刊，2010(4)：39.
② 黄旭钧. 课程领导：理论与务实[M]. 台北：心理出版社，2003：29.
③ 杨明全. 革新的课程实践者[M]. 上海：上海科技教育出版社，2003：173.

哲学与课程知识之专业基础，并运用领导行为领导学校成员专业成长，共同积极进行一系列的课程发展与课程决定，包含学校课程的远景规划、设计、实施、评价等过程，以提供全校学生适切的学习计划，目的在促进学生学习质量并发挥潜能，借助教师改进课程与教学质量与提升学生学习成就的历程"[①]。鲍东明认为，校长课程领导，是旨在促进每个学生有效发展，校长统领课程创造性实施和积极主动建设的行为，它是以"让每个学生获得最有效发展"为核心的现代课程观，是一种战略性的创新课程实践，是一种不断增强学校旺盛生命活力、凸显育人特色的先进学校文化。[②]

从上述对课程领导的不同界定中，我们可以看到以下共识：①校长课程领导主要是校长针对学校课程事务所进行的各种领导行为，主要是对课程资源的规划和整合、课程方案的制订、课程的实施和评价等活动的指引和统领，其最终目的在于改进学校课程品质，提升教学成效，进而改善学生的学习水平。②校长应运用领导学的相关理论、方法和策略来完成自己的任务，施展自己法定的权利和个人影响力，以促进教师之间的彼此合作，从而高质量地完成课程教学任务。③校长课程领导的主体不仅仅是指校长个人，而是指一切与课程相关的教师、学生及其家长的共同体。

综上所述，本书认为，校长课程领导是校长运用领导学的相关理论、方法和策略，利用自己的法定权利和个人影响力，对学校的课程事务所进行的各种领导行为，其目的在于引领学校课程变革，提升学校课程品质，让每个学生获得最有效的发展，最终实现课程改革的目

---

① 王月美. 校长课程领导之研究[D]. 济南：山东师范大学出版社，2006.

② 鲍东明. 校长课程领导的意蕴与诉求[J]. 中国教育学刊，2010(4)：41.

标。树立现代课程观是校长课程领导的核心，而现代课程观的核心价值观是实现每个学生的有效发展。所谓有效发展，应该是在普遍性发展的前提下，适应其身心发展特点和潜能的适得其所的发展。通过校长的课程领导，使国家课程和地方课程能够创造性地得到实施，使校本课程能够很好地开发与利用，使教师能够更多地关注课程设计、课程实施和课程评价，从而让每个学生获得最有效的发展。

（四）校长课程领导力

关于"校长课程领导力"的内涵，多数研究者是从能力的角度界定的，如有人认为，"校长课程领导力"是指"校长引导和率领教师进行课程改革、课程建设的能力，是校长专业修养和人格魅力之所在"。[①]还有人认为，"校长与追随者相互作用的合力，是校长与追随者为实现共同的课程愿景而迸发的一种思想与行为的能力"[②]。上海市教育委员会在"提升校长课程领导力，进一步深化课程改革"的专题报告中阐释，"校长课程领导力"是指以校长为核心的学校课程建设的共同体，根据培养目标和办学定位，领导学校课程设计、实施、评价和课程文化建设过程的能力。

"校长课程领导力"是指一种能力，这一点似乎在学界已经达成共识，而不同之处在于这种"能力"的具体表现——是课程的执行力，还是课程的组织力，或者是课程的合作实施力，抑或是一种综合能力。学者们在这个问题上有不同的侧重点。校长的课程领导力，不仅仅是

---

① 程红兵.价值思想引领：校长课程领导的首要任务[J].教育发展研究，2009(04).

② 孙向阳.校长课程领导力：从"个力"走向"合力"[J].江西教育科研，2007(11).

指校长个人的领导力，而且还是校长与追随者相互支持和作用的合力，学校的课程变革和发展，需要千千万万真正有课程领导力的校长。他们的显著标志是，靠其自身的领导力不断将教师及其课程利益相关者吸引到课程变革的伟大事业中来，靠调动广大教师和其他课程利益相关者的积极性去实现共同的课程变革的目标。从这个意义上说，校长课程领导力是校长与追随者相互作用的合力，是校长与追随者为实现共同的课程目标而迸发的一种思想与行为的能力。[①]　就课程领导的特性而言，其本身就需要一个团队的相互合作来实现课程领导的目标。

纵观上述一些研究者对校长课程领导力的定义，本书关于校长的课程领导力的主要含义是指，校长领导教师团队在有效实施国家课程和地方课程的基础上，广泛利用地方的各种资源，积极开发和实施校本课程，并对三级课程都进行科学、合理评价的能力。校长课程领导力是校长诸多职责和能力要求中的首要能力、核心能力，它包含了课程理念、课程资源的整合与开发、课程规划与课程实施和评价等要素。简单来说，校长的课程领导力就是从学校办学实际出发，按照党和国家的教育方针、政策，规划、开发、实施和评价课程的能力。具体而言，校长的课程领导力包括以下几个方面内容：课程规划能力、课程开发能力、课程设置能力、课程实施能力和课程评价的能力。

三、校长课程领导力的价值考量

长期以来，我们往往更多地关注校长的行政领导职能，给予校长

---

① 孙向阳. 校长课程领导力：从"个力"走向"合力"[J]. 江西教育科研，2007(11).

相应的行政级别和待遇，为校长提供行政管理培训，致力于校长行政管理领导能力的提高等，这些做法本身没有错，但校长的行政领导角色被我们过于"浓化"，校长也不能仅仅陷于学校的日常事务管理之中。因为校长不仅仅是行政领导，还应该是"首席教师"和"学术领导"，尤其在当前新课程改革的进程中，校长除了要履行行政管理职能外，还应具有较高的课程领导能力，切实承担起课程领导的职责。

在课程设计、实施、评价等方面，校长要扮演好"首席教师"和"课程领导"的角色，承担起领导课程改革的职责。教育行政部门应在评价、培训等方面为校长课程领导能力的提升提供外在支持；校长自身也要通过自主学习、专家合作、同伴互助、校际联系等多种方法与途径，努力提高课程领导能力，这不仅是有效推进基础教育课程改革的重要保障，也是校长专业发展的重要向度。[①] 从这个角度来说，对校长课程领导力的关注和研究的意义与价值是不言而喻的，其主要体现在以下几个方面[②]。

第一，行政组织层面的意义。

上级课程管理体制的理念赋予校长全面进行学校课程管理的权利与义务，不但要促进国家课程、地方课程在学校的创造性实施，还承担着促进校本课程开发、创建学校课程特色、提高学校课程品质、促进学校发展，尤其是学校中的人的充分发展之重任。这对校长提出了新的要求与挑战。所以，校长必须更新课程观念，增强课程意识，从

---

① 王传金. 价值、场域与愿景——论中小学校长的课程领导能力[J]. 天津师范大学学报(基础教育版)，2006(4).

② 陈彩玲. 校长课程领导的意义及其对校长思维方式的要求[J]. 教育探索，2005(6).

忽视课程到重视课程，从被动、独裁、监控的课程管理转到主动、分权、服务的课程领导。

第二，专业技术层面的意义。

校长课程领导也是校长工作本身专业化的需要。一门职业的专业化体现在其专业自主权的不断提升上。课程领导能力应是校长专业发展的重要向度，因为课程教学工作是学校的中心工作，课程是育人的重要载体和媒介，课程的决策、统整、选择、实施、评价是中小学工作的主旋律。所以，中小学校长的专业领导应更多地体现在课程和教学的领导上。校长的专业自主权的提升又表现在其对专业自主权的拥有和践行两个方面。拥有专业自主权包含拥有外部权力和内部权力。所谓外部权力，是指改进校长专业地位的途径，即行政组织所赋予的权力。所谓内部权力，主要是指校长有信心内化权力、有能力展现权力。校长的课程领导强调内外部权力的提升，尤其是在一定的外部权力的基础上，更加重视内部权力的提升。

当然，校长的自主权不仅仅是拥有权力，还应践行权力。因为课程教学领导权力的践行有助于校长专业化水平的提高。课程领导对校长而言，不单单是一项工作，更是一种有价值的理念践行，是一段个体成长的过程和经历。例如，瑞典校长的专业领导包括三个层面：一是领导教学革新；二是领导教师专业发展；三是领导教师对课程与教学目标的反省。这三个层面都和课程密切相关。教学革新是为了更好地实施、践行课程，教师的专业发展又主要体现为有效实施课程的能力。瑞典校长的专业领导对我们探讨校长的专业化问题具有借鉴意义，从中我们至少可以看出：校长的领导职能应主要指向课程与教学领域，应更多地关注学校的课程与教学以及教师的专业发展。

但在我们的课改实践中，校长会不时地产生困惑，不知道自己在课程改革或在学校的课程领导中应该扮演什么样的角色，应该承担什么样的责任，或者说他们虽然在认知层面上已经有了清晰的定位与思考，但在实践中却不知如何去领导学校的课程改革。处于这种状态的校长们所缺乏的就不仅仅是先进的课程理念，而是课程领导的能力。

《基础教育课程改革纲要》明确指出："要改变课程管理过于集中的状况，实行国家、地方、学校三级课程管理，增强课程对地方、学校、学生的适应性。"三级课程管理政策使课程决策走向权利分享，使学校在课程领域拥有了更多的自主权，校本课程、综合实践活动、研究性学习、选修课等就是其具体体现。在我们为学校拥有一定的课程自主权而感到"欢欣鼓舞"的同时，我们还要客观地审视校长、教师是否已经完全具有了行使课程自主权的能力。已经习惯了国家集中管理课程模式的校长是否能及时地转变观念、进入角色。这些问题的存在、提出和解决，对校长的课程领导能力带来了前所未有的挑战。[①]

第三，校长课程领导的协调作用。

课程一向就是政治的、种族的、性别的、神学的争论场域，现在学校课程领域内的竞争则更加激烈。教师、家长、行政人员、社区人士、民间团体、学者等都希望拥有课程的主导权和参与权，在大部分情境中，如果没有这些主权者间的真诚对话，那么，课程改革是不可能成功的。在三级课程管理体制下，不同课程管理主体间的矛盾就成为一种潜在的忧虑，如果各层次的管理主体相互争夺权力，各自为政，只关注自我利益而忽视全局，则课程的发展将举步维艰，课程的

---

① 王传金．价值、场域与愿景——论中小学校长的课程领导能力[J]．天津师范大学学报(基础教育版)，2006(4)．

改革更是空中楼阁。因此，校长在课程领导的层次中所发挥的协调、整合作用便不证自明，意义重大。

第四，校长的课程领导有助于提高教师的专业化水平。

传统的、呆板的、机械的课程管理模式束缚了教师的手脚，限制了他们的创造性，剥夺了他们的专业自主权，这些都直接导致了其专业化水平的低下。校长的课程领导赋予教师参与课程发展的权力，为其专业自主提供制度和资源保障，使教师内在的实践经验、研究能力、创造潜能都得到发挥与彰显。这不仅能加深他们对课程的理解，丰富他们的专业知识，增强他们的自信，也可以同步提高其专业水平。

第二章　校长课程领导力的构成要素

著名教育家陶行知先生很早就说过，校长是学校的灵魂。校长对学校的"灵魂"作用，取决于他的领导力。校长的领导力，直接关系到学校的生存与发展、成功与失败。[①] 自我们国家提倡素质教育和推行新课程改革以来，许多校长的能力发生了变化。其中，有些能力增强了，但也有些能力需要进一步提升，如课程领导力和课堂教学指导力。一个学校的发展在很大程度上取决于校长的领导能力，而校长的课程领导能力从长远的眼光来看又是至关重要的一个方面。在对校长的诸多职责和能力要求中，课程领导力是校长最重要的能力之一，它是由学校管理和校长岗位的特殊性决定的。那么，校长的课程领导力是由哪些要素构成的呢？本章将以课程领导意识，校本课程的规划、开发、实施和评价为例，进一步解释校长课程领导力的构成要素。

一、校长的课程领导意识

课程领导是近年来在课程领域内出现的新理念，对它的研究兴起

---

① 唐胜昌. 教育思想的践行者[M]. 上海：上海教育出版社，2008(5).

于 20 世纪 70 年代的美国，而在我国大陆，它是伴随着新一轮的基础教育课程改革才逐渐被关注的。由于我国长期受苏联教育思想的影响，课程或者被排除在外，或者只是作为教学的一部分，在学校教师和校长的印象中，对课程的规划和设计的意识和观念十分遥远，更不用说课程领导了。

我们都知道思想决定行动，行动决定结果，而一校之长就似一所学校的大脑，他的思想决定着这所学校的方向与未来。就学校而言，课程是学校工作的核心，是学校之所以为学校的根。可以说，掌握好了课程的方向盘，也就操纵好了学校这艘船。我们的校长不得不重视课程的改革与发展，不得不提升自身的课程领导力。在校长课程领导力中，我们把决定着学校发展的思想称作校长的课程领导意识。校长的课程领导意识是校长课程领导力的现实内容和基础。可是，传统线性的、机械的课程管理方式使校长只有课程或教学管理思想，没有课程领导理念和意识，因而造成了校长课程领导理念和意识的淡薄。基于这样的领导情境，如果校长不具有课程领导的意识，也就谈不上课程领导力的提升了。

增强课程领导力，校长的课程领导意识是基础。一方面，校长需要增强理论学习，进行实践反思，即整合各种课程领导知识，并通过课程领导实践，使这些知识升华为课程领导力。其中，校长的课程领导知识是课程领导能力的元素和基础，通过校长的课程领导实践发挥作用，决定着课程领导结果的质量与效果，而课程领导结果又是课程领导知识的主要来源之一。另一方面，就是正确认识自我，而这种自我认识是通过校长在实践中培养反思能力而实现的。关于如何培养校长的反思性实践能力，罗斯（Ross）提出了可供借鉴的反思模型：①描述所列出行为的特定原因。独立或在同事帮助下判断事件和行为，客观公正地分析其结果，并思考是否存在其他行为，这样可以使结果更有效。②从个人角度对情境中发生的行为给出客观的评价，并尽力排除一些对结果造成影响的外部因素。③析行为及其直接和间接影响，并分析该行为对其他群体所造成的影响。①

二、校长的课程规划能力

课程规划是课程实施的前提条件。所谓课程规划领导力，就是校长在整个课程活动中要站在战略发展的高度来策划课程，把自己的课程价值观转化为学校的课程开设计划和方案，构建学校课程体系的能力。目前我国实行的是三级课程管理体制，即国家课程、地方课程和校本课程。所以，校长对学校课程的规划和学校课程体系的建设，既要充分考虑国家、省级教育行政部门对课程开设的基本要求，又要从学校的办学传统、办学特色以及学校的课程开设能力出发，科学规划学校的课程开设计划，建立完善的学校课程体系。这里，校长对学校课程的规划，既包括国家课程、地方课程，也包括学校课程。校长需要有效统筹国家、地方、学校三级课程，确保国家课程、地方课程的落实，推动校本课程的开发与实施，为学生提供丰富多样的课程资源。②

学校课程规划，简言之，就是学校对在本校实施的所有课程的设计、实施与评价的整体规划，它主要回答两大问题：一是国家课程如

---

① ［美］L. David Weller Jr.，Sylvia Weller. 学校人力资源领导：中小学校长手册［M］. 杨英，等译. 北京：中国轻工业出版社，2005：22.

② 张志勇. 校长要加强课程领导力修炼［J］. 教育时报，2010-7-10.

何校本化实施或如何开展基于课程标准的有效教学；二是校本课程如何合理开发。学校必须编制课程方案，一般来说，课程方案包括学校的愿景与使命、分年级课程计划表、学科课程规划、综合实践活动课程规划、校本课程开发、教学与评价、管理与保障等内容。该文本是以纲要的形式呈现的，但要形成文本，则需要做大量的工作。就学科课程规划而言，各教研组必须依据课程标准、教材和学情，编制学科课程的整体规划，然后备课组据此编制学期课程纲要，最后任课教师依此编制单元或主题或课时教案。因此，学校课程规划作为一项活动，是学校课程管理或课程领导的核心工作，作为一种结果，则是学校课程设计、实施和评价的重要依据。① 这就需要校长要给教师提供各种有利的条件，提高教师的课程理论水平和实践技能，从而能够更好地参与学校课程规划的制订和实施。

课程规划领导力的形成，要求校长要具有系统的课程观，运用系统论的理论和方法对课程进行规划，从整体着眼，放眼未来。这就要求校长要对国家的教育方针、政策有较强的学习力和领悟力。有实践者指出，校长在课程规划上应该坚持"规定至上原则""质量优先原则"和"发展为重原则"。② 这里所说的规定至上的"规定"是指党和国家的方针、政策。假若校长对政策的理解不透彻，不能准确领会大政方针，将导致校长在领导课程时偏离"轨道"，使得课程改革貌合神离。

但是我们必须强调，规定至上的"至上"并非要求校长们照搬照抄方针、政策，而是在领会党和国家的精神要义之后，结合本校的实际

---

① 赵晓雅. 课程规划：引领学校办学水平提升［EB/OL］，http://www.tadyz. com/news/wap. aspx? nid＝3080＆p＝1＆cp＝6＆cid＝170＆sp＝16. 2014-11-26.

② 杨荣. 校长课程领导力实务［R］. 上海市实验小学校长主题报告，2013：26.

情况选择或设计课程，包括课程的种类及内容、课程难易程度、授课模式、时间安排等。贯彻落实方针政策时，需认真落实义务教育课程标准，切实减轻学生过重的课业负担，不得随意提高课程难度，不得挤占体育、音乐、美术及少先队活动等课程的课时，确保学生每天一小时（一定时间）的校园体育活动。质量优先原则，即不要盲目追求课程开设的数量，要将保证课程开设质量放在第一位，坚持面向全体学生，因材施教，全面提高教育教学质量。发展为重原则，即要掌握学生不同发展阶段的培养目标和课程标准。

总之，课程规划须遵循课程发展的客观规律，一切从实际出发，实事求是搞改革，促发展。课程的规划水平与校长的课程观息息相关，甚至决定着课程的实现成效。具备不同课程价值观的校长在规划课程时所呈现的状态各不相同，效果也随之不同。

三、校长的课程资源开发能力

随着我国新一轮基础教育课程改革的不断推进，课程资源（包括人力资源和物力资源）的开发与利用问题逐步引起了课程理论界的重视。人们越来越深刻地认识到，没有课程资源的合理开发与有效利用，基础教育课程改革的宏伟目标就很难实现。[①] 无论多么无懈可击的课程规划，多么先进的课程理念，若缺少丰富的课程资源作为支撑，规划也仅仅是规划，而这样的规划无异于纸上谈兵，理想也终将成为海市蜃楼。

有研究者指出："课程资源也称教学资源，就是课程与教学信息

---

① 徐继存，段兆兵，陈琼. 论课程资源及其开发与利用[J]. 学科教育，2002(2)：27.

的来源，或者指一切对课程和教学有用的物质和人力。"①从课程资源的本质来看，第一，课程资源必须能够保证课程的顺利实施；第二，课程资源必须具有教育性，能够促进教育目标的实现。这两层含义对于界定课程资源来说都是必备的要素，前者保证了课程资源价值的充分发挥，而后者则为课程资源的定位提供了前提。②

总之，无论是课程目标的制订，还是课程计划的顺利实施，我们的校长都起着极为关键的作用。这就要求校长要具有一定的课程资源开发意识和开发能力，从学校的办学实际出发，带领教师共同思考如何多渠道挖掘和开发课程资源并合理利用，以丰富课程的内容，拓宽课程规划建设的视角，使课程资源的开发成为教师和学生共同成长的助推器。

四、校长的课程设置能力

课程设置能力即校长领导学校教师合理设置学校各个年级课程的能力，它包括四个方面的含义：一是要统筹考虑国家课程、地方课程与学校课程的关系；二是要统筹考虑各个年级课程开设的情况；三是要统筹考虑国家必修课程与国家选修课程、校本课程的关系；四是要统筹考虑国民素质教育课程与升学预备教育课程的关系。而对于校长来说，校本课程的设置能力是其最重要的课程设置能力所在。

自实行三级课程管理体制后，校本课程便成了体现学校特色与内涵发展的核心领域。校本课程是在我国课程改革中呈现出来的与国家课程、地方课程并存的一种新的课程形态。它的重要价值在于根据当

---

① 张廷凯. 课程资源：观念重建与校本开发[J]. 教育科学研究，2005(5).
② 丁锦宏. 教育学基础[M]. 北京：高等教育出版社，2009：205-206.

地的历史文化、风土人情来精心设计校本课程，目的是传承当地的文化特色和促进学生的个性发展。校长的课程领导已成为校本课程发展的关键。无论从理论上，还是实践上，校长对校本课程的领导都具有十分重要的意义。

目前，我国中小学校本课程的开发多是零散无序的，教师为课程而教，学生为课程而学。不少校长理解"教师是校本课程开发的主体"时，常常把开发任务分配给教师，便以为尽到了校长的职责，这是一种误解。"教师是校本课程开发的主体"，但并不意味着校长可以置身于校本课程开发之外。相反，在校本课程开发中，校长没有准确的角色定位，没有履行相应的课程开发职责，校本课程开发就有可能成为"散沙式的开发"，成为"师本课程"。校本课程开发是体现学校教育哲学思想和办学宗旨的重要活动，校长在其中的作用是不言而喻的。学校教育哲学思想和办学宗旨的确立无不显示出校长的教育思想和教育境界。虽然学校教育哲学思想和办学宗旨可能是学校集体智慧的结晶，但是我们很难设想一个校长没有教育思想和教育境界，学校却能形成高明的教育哲学传统和办学宗旨。所以，校长在校本课程开发活动中的影响应该受到高度的重视。正是校长引导着学校整体精神的形成和发展方向，推动着学校课程的"校本化"进程。①

由此来看，校长就是校本课程开发的核心人物。虽然我们也说学校是校本课程开发的组织者、领导者、统筹者、决策者，课程体系的设计者、课程实施的监督者、课程质量的评价者、课程反思重建的实施者，但这种角色更多的是落在校长身上。校长虽然不可能事事亲

---

① 吴刚平. 校本课程开发[M]. 成都：四川教育出版社，2002：88.

为，但经营学校办学思想和学校品牌是必需的，校长的思想决定学校的办学思想，校长的意志决定学校的办学方向，校长的综合素质决定了学校的发展前景。[①] 因此，在校本课程开发的过程中，校长要身体力行，不断提升和展示自己的课程设置领导力，创设有利于发挥教师能动性和创造性的氛围，激发广大教师积极投入校本课程开发和实施的过程中，塑造一种参与、合作、开放、分享的校园文化，创造一个学习型组织，使得校本课程不断创新和发展。

五、校长的课程实施能力

校长课程实施的能力包括三个方面：一是学校开齐课程的能力，就是校长领导学校把国家要求的所有课程都开齐。二是学校开足课程的能力，就是学校按照国家规定的课时开设课程的能力，既不超课时开设课程，也不减少课时开设课程。三是学校开好课程的能力，即按照国家课程标准或校本课程标准，让学生通过学习达到课程标准的能力。

校长每天要处理各种各样的事务，其时间和精力是有限的，不可能对所有课程的每个环节都亲力亲为，且课程的实施与推进，关键在教师；课程有效性的保障和提升，关键也在教师。因此，校长的课程领导力只有化为全体教师的执行力才能发挥最大效用。由此看来，构建一支执行力强的教师队伍就显得十分必要。同时，还要求校长必须要有全局思维和战略眼光，重视自身领导力的提升，以激发教师的工作热情，从而提高课程实施的水平。

---

① 张祥明. 当代校长的角色定位及专业化培训[J]. 福建教育学院学报，2003(1)：98-99.

首先，校长要学会授权，以增强教师的责任感，凸显主人翁地位。授权是尊重教师的教学经验和智慧的表现，是积极推进课程改革与创新的举措。课程活动是一个复杂且不断变化，极具交互性的活动过程。我们的课程需要尊重教育教学的客观规律，尊重学生的个性特点，注重培养学生的责任意识、创新精神和实践能力；需要本着"人本管理"的思想，迈着与时俱进的步伐，培养具有个性化的人才。由此，给予教师一定的专业自主权就显得十分重要。古人云："用人不疑，疑人不用。"校长授权后，应该充分信任自己的教师，并鼓励教师参与到课程的管理中来。兼听则明，偏听则暗，我们的校长需要静下心来听取不同的声音。

其次，校长要乐于奉献，服务于教师教学技能的提高。Blasé 等人认为，教学领导应关注发展教师的技能，而不是监督教师的行为。[①]奉献是校长领导的重要理念和本质，强调校长要放低姿态，为教师的合理需要尽力提供服务，如给出教学指导建议、提供培训机会等。同时，校长要善于协调与教师之间的各种复杂关系，以促进彼此间的交流与合作。校长在安排工作时要力求做到统筹兼顾，既要考虑工作的需要，又要考虑教师的要求及能力，做到人尽其才，事得其人。

最后，校长对教师的教学要监控有度。校长要学会放权，但放权并不意味着放任。对教学适度的监督和控制可以提高课程实施的效率和教师的责任心。假若校长一味地放权，对教学不管不问，那么教师的惰性会在课堂上更多地显现出来，对课程改革和创新的热情将降至低点。所以说，校长只有做到了放权与监控的张弛有度，才能实现课

---

① JoBlasé & Joseph Blasé. *Handbook of Instructional Leadership*：*How Successful Principal Promote Teaching And Learning*（*Second Edition*）. CA：Corwin Press. ，2003.

程领导力的平衡；只有做好了上下级及教师队伍间的沟通协调工作，才能实现课程的稳步发展；只有增强了自身的服务意识，才能实现课程的蓬勃发展。

六、校长的课程评价能力

课程评价是教育评价的重要组成部分，它是在系统调查与描述的基础上对学校课程满足社会与个体需要的程度做出判断的活动，是对学校课程现实的或潜在的价值做出判断，以期不断完善课程，达到教育增值的过程。[①] 课程评价的指引力是校长课程领导力的根本保障，对课程实施起着导向、激励和监控的作用。校长应树立"立足过程，促进发展"的评价理念，坚持"以人为本"的科学发展观，建立和完善学生发展性评价体系，以课堂为轴心，以终结性评价为基础，既保持教师和学生对教学绩效的压力，又保证教师和学生的内在动力，促进教师和学生的发展，增强学校的自我发展意识，提高学校的自我发展能力。

自新课程改革以来，课程评价观发生了重大变化，我们倡导"立足过程，促进发展"的课程评价观，由过去强调评价的甄别、选拔功能，转向强调促进学生、教师、学校发展的功能；评价内容由注重学习结果的评价，转向学习结果、学习过程并重；评价主体由单一主体转向多元主体；评价方法由单一的量化方法转向质化与量化相结合；评价标准由整体划一转向尊重个性化的表现。所以，校长要面对和思考这样一些问题：如何评鉴国家课程，如何对国家课程进行校本化的

---

① 陈玉锟．课程改革与课程评价[M]．北京：教育科学出版社，2001：137.

统整和改造，如何评鉴本校的课程规划和设计，这些规划和设计是否符合国家纲领性的要求，是否符合本校的教师、学生实际，谁来决定课程评鉴的内容、标准，课程评鉴的复合体有哪些人员构成，如何收集和分析数据，解释和判断数据的标准是什么，如何应用评鉴的结果等。这些问题看起来离我们很遥远，但却切实存在于我们身边。这样，校长就不得不面对自身课程评价能力的提高问题。课程评价具有很强的主观性，也很难操作，但也最能体现校长课程领导的能力和水平。①

所以，要做好学校的课程评价工作，校长的课程评价领导力必须提高，要建立以长远发展为出发点和落脚点的课程评价观。课程评价体系的践行需要以校长的课程意识为保障，引领、监督评价主体认真落实课程评价的每一个环节。同时，还应该建立科学有效的激励机制，鼓励和激发每一位师生积极参与到课程评价与课程改革的工作中去，共同努力构建适应现代社会发展与要求的课程评价体系。

七、校长的课程文化构建力

对于一艘没有航向的船而言，无论刮什么风都不是顺风。学校若没有明确的目标，就如同没有航向的船一样，迷失了前进的方向。从学校的生存和发展来看，课程是学校的安身立命之本，课程文化是学校文化的主题和关键。所以，构建科学合理的课程文化便具有了重大的现实意义。课程文化的核心是课程价值观，犹如一个人的思路决定出路一样，课程价值观决定着学校未来发展的方向。这里的课程价值

---

① 王传金，谢利民．价值、场域与愿景——论中小学校长的课程领导能力[J]．天津师范大学学报，2006(4)：35．

观主张课程要尽可能地满足学生全面发展的需要，其理论来源于《国家中长期教育改革和规划纲要（2010—2020 年）》，它明确了今后十年我国教育改革和发展的一个战略主题，即坚持以人为本，全面实施素质教育；强调了五个教育观念，即全面发展观念、人人成才观念、多样化人才观念、终身学习观念和系统培养观念；突出了两个工作重点，即促进公平、提高质量。同时，"人的全面发展"也是马克思主义的基本原理之一，是我国教育方针的理论基石。

校长的课程价值观包括两个含义：一是校长根据国家的教育方针、政策以及社会发展趋势，把握和确立学校人才培养目标及素质规格的能力；二是校长把自己关于学校人才培养目标及素质规格的认知转化为学校全体教育者的教育人才观的能力，即用校长的人才观来统领教师的教育教学行为的能力。对课程价值的理解力是学校课程建设的"指南针"。校长应根据党和国家的教育方针、政策和经济社会的发展趋势，积极建构独特的、个性化的课程价值取向，并有效转化为校内全体教师的共识，关注课程资源、学生成长、教师发展和学校文化建构，确立学校人才培养目标及素质规格，促进全体教师对课程价值的理解和内化。

综上所述，课程文化的构建要求校长要具备课程领导者应有的高瞻远瞩的治学理念、德才兼备的人才价值取向、认真求实的科学态度、实践创新的探索精神。[①] 当然，以上课程文化构建的领导力并非与生俱来，任何人也无法赋予，课程文化也不会凭空产生，这需要校长的努力与领导，也需要全校师生配合与参与。总之，课程文化的构

---

① 陈功江. 课程价值观分析[J]. 信阳师范学院学报，1994(3)：39.

建，尤其是课程的价值观需要在点滴积累间树立，假以时日才能实现润物细无声的奇效，达成水到渠成的壮举。但课程文化构建的关键并不在于其文化形式本身，而是在于它能够成为展示学校独特形象、凝聚学校成员心志、推动学校创造性发展的巨大能源，并最终促成学校文化品位的提升和战略目标的达成。①

不同的校长对学校文化的关注点不同，有的校长重视可视的物质文化建设，忽视学校精神文化的建设；有的学校在文化建设中，各个领域都很出色，但是缺少把这些散杂点连接起来的主线，缺少目标性。其原因是学校还没有明确的、一以贯之、达成共识的学校价值观。② 清华大学"永远"的校长梅贻琦先生说："大学者，非大楼之谓也，有大师之谓也。"这主要是论硬件与软件二者谁更重要的问题，谁决定着学校的高度和深度的问题，梅贻琦先生准确而简洁地告诫后人，尤其是掌握着学校发展命脉的人：人力资源远比物质资源更重要，好的教师远比高楼更重要，我们校长要尊重人才，重视人才。这句警世名言同样适用于我们中小学的建设与发展，我们的校长们应转变观念，重视课程领导，树立长远的课程观。这要求我们的校长们应依据党和国家的教育方针、政策，积极构建独具特色的课程文化。

---

① 郝士艳.对课程领导力的几点思考[J].黑龙江高教研究，2013(6)：38.
② 杨雪梅.学校文化建设的关键：校长价值领导力的提升[J].北京教育学院学报，2012(3)：19.

第三章　校长在课程领导中的角色

对于"角色"一词，几乎每个人都耳熟能详，无论是电视还是电影中，我们都能看到各种各样的角色。它最初来源于戏剧，是戏剧舞台中常用的一个概念，其原意是指演员根据剧本扮演的某一指定人物。美国著名社会学家米德在 20 世纪初把角色一词引入社会学领域，以此来说明人的社会化行为。此后，角色这一概念被广泛地运用到组织学、社会学、管理学、教育学等领域。关于角色的理论研究甚多，我们首先需要从这些重要的理论入手来理解校长的角色。

角色理论认为，每个人像舞台上的演员一样，在现实生活中都具有一定的社会地位或社会身份，并且在各自所处的位置上发挥着符合自己身份的角色职能。从角色理论的视角来看，校长是一种角色，是在社会系统水平上的"特殊行为模式"或"一个特定团体"，它是与学校教育机构相适应的具有管理职能的职业角色。校长要明白自己在课程领导中所扮演的角色，这是提升校长课程领导力的需要，也是学校课程发展的需要。① 通俗地讲，角色应该是在某种环境下的自我定位，这种定位的恰当与否关乎整个组织是否能够良好地运行和自我价值是否能够实现。在课程领导中，之所以强调校长要融入角色之中，是对领导的责任心和对课程领导认识程度的考量的结果。

一、校长对课程领导角色的自我认识

(一)以行政领导角色为主体

在我国现行的教育管理体制下，校长都是由上级教育主管部门任命的，他们大多是从优秀教师中提拔上来的，这种任命制度，保证了校长保留教师的原始技能。作为学校的"一把手"，烦杂的行政事务会使校长在某种程度上无暇顾及学校的课程和教学工作。长期以来，我国中小学校长多以行政领导者的角色出现，人们往往强调校长的行政角色，而忽视校长的教学领导者的角色。在新课程改革的新背景下，这种状况在很大程度上有所改观，但是依然存在这种角色错位的现象。

从主观方面来看，造成以行政领导角色为主体的原因是，校长对课程领导角色认识不到位，对课程领导的概念和内涵认识不足，没有找到定位的关键。一位接受访谈的校长说：

"课程领导这个名词最近经常听到，但到底是什么含义，我不很清楚。校长作为课程领导者，对要扮演的角色和承担的任务也不太了

---

① 叶娅.角色理论下的校长课程领导力研究[D].郑州：河南大学，2013：11.

解。就管理和领导的区别来说，二者是属种关系吧，我们一线教育工作者确实需要理论的指导。"从客观情况来看，繁多的非课程教学类的事务占据了校长的大部分时间。一位校长说："每周我开会的时间约两天半，有市级的、区级的、学校的各类会议。对我们普通中学而言，中心任务就是保质保量地执行上级部门的各种政策，完成规定好的课程目标，努力提升高考合格率，对得起家长和社会。什么研究性学习、拓展性课程、校本课程开发都是园中红花，仅此而已。"[①]

所以，客观现实如参加会议、执行上级政策、社会和家长的压力等，导致校长无暇顾及学校的课程和教学工作，他们在现实中所扮演的更多的是行政领导的角色。

产生这种思想认识的校长不在少数，绝非个别，它涵盖了大多数校长的想法，他们在校长自我角色的认知上，对课程领导的内涵认识不清，在具体的实践中忙于处理各种行政事务，这在无形中也弱化了校长课程领导的角色。

当然，也有一些校长对自身角色的认知较为清晰，根据陈明宏对校长的访谈，有的校长说：

"我国实行的校长负责制，赋予了校长对学校充分的领导权。校本课程开发和校本管理的兴起，在理论上又给予校长一定的领导权。但是，我感觉，目前校长的行政权力相对过剩，真正意义上的课程领导权力缺乏。校长对外部资源、对上级决策的依赖性很强，解决问题倾向于外部求助，缺乏自己的判断。这些可能与长期以来的学校管理

---

① 引自陈明宏. 校长课程领导的研究[D]. 上海：华东师范大学，2007：80-84，85.

传统有关，也与校长本身缺乏课程领导知识有关。"①

总而言之，以行政领导角色为主体的校长角色不利于对课程和教学的领导，这种角色意识及其行为影响着课程规划、课程开发和课程实施，校长的大部分时间与精力都花在了开会、参加各种活动、听取并完成上级下达的行政指令等方面，而对课程教学问题的思考并不多，这无疑是不利于学校教学质量的提升的。

(二)混淆行政领导与课程领导的内涵

长期以来，中小学校长大多以学校的行政领导的角色示人，但在课程改革的背景下，校长仅仅扮演行政领导者的角色是远远不够的。行政领导侧重于行政，主要从事与学校有关的行政工作的相关事宜，而课程领导则不同，它侧重于学校的课程与教学。行政，从字面上看就是行使政令，是为完成或为实现一个政权机关所宣布的政策而采取的一切活动；从广义的行政角度看，校长行政领导是校长为贯彻国家的教育方针、政策、法规，为保证学校各项教育教学活动的有效开展，通过编制教育教学计划、领导教师队伍建设、领导总务工作以及争取社会各方面对学校工作的支持等行政性事务的管理，来保证学校教育职能发挥的动态的过程。而校长的"教学领导"(或者是课程领导)是一个较新的校长领导理念，它产生于 20 世纪中叶，最早可以追溯到 1966 年美国的《柯尔曼报告》以及有效教育运动。②

---

① 引自陈明宏.校长课程领导的研究[D].上海：华东师范大学，2007：80-84，85.
② 孙承毅，张妮娜.教学领导与行政领导：中小学校长两种领导角色的选择[J].当代教育论坛，2008(8)：1-2.

下面是一些研究者对校长的访谈，从中我们可以看到校长对课程领导及其角色的认识。一位校长这样说：

"说实在的，从理论上我说不了多少，我觉得课程领导应该涉及硬的、软的方方面面。比如说，我校开发了礼仪课，还编写了一本《地震来了怎么办》，以及开设素描、水粉这样的校本课程。""作为学校校长，应该了解课程领导、课程管理，尽量把课上好、落实好。有些校长不是从一线教师走出来的，也有从一线出去的，比如说我，现在的行政事务太多，现在感觉校长自己把自己当成官了，校长要出去跑这个、跑那个，这就要求校长要具有'打外交'的业务能力，还有对内的协调能力。""我给学生上课，校长的权力影响还是有的。学生会认真点儿。我觉得课程领导要有一个前瞻性的思路，课程管理就是怎样管理课程的实施。我们要开发好的必修课。课程领导与行政领导有矛盾，但不好说。"

从上面的访谈内容我们可以发现，校长把课程领导等同于行政管理或课程管理。正如台湾学者欧用生所说："很多校长的实际领导作为大多仍着重在行政领导上，把大部分时间花在学校的行政工作、经费之运用与管理，以及与家长、社区的公共关系上，对于课程缺乏敏感性，以及行政领导代替课程领导，将学校课程开发当作一件行政工作来处理。"[①]

在实际的学校运作中，校长的行政领导职能虽然已经涵盖了课程

---

① 曹爱琴. 高中校长课程领导研究[D]. 兰州：西北师范大学，2012：42-43.

领导的某些方面，但还不是完全覆盖，或者说相差甚远。一般而言，校长行政领导的职责包括：①全面贯彻教育方针，认真执行上级领导机关的指示和决定，按教育规律办学，不断提高办学质量；②根据学校规模编制标准、实际需要和有关规定，设置学校管理的组织机构，选任多层级的干部，建立健全各项规章制度和岗位责任制；③对教师的选拔、评价、培养，如教师的岗前培训、教师的业务考核、学校中层领导的提拔等；④坚持勤俭办学方针，努力改善办学条件，做好经费的预算、结算，包括学校财政收支预算、校内基础设施的建设、校园勤工俭学活动的开展、严格管理校产和财务等；⑤处理学校与社会各方面的关系，发挥学校主导作用，促使学校、社会、家庭教育协调一致，争取社会各界对学校的支持与帮助；⑥领导制订学校的发展规划和确定学期、学年工作计划，并认真组织实施，检查和总结。综上所述我们不难看出，在校长的行政领导职责中，绝大部分还是有关行政指令的职责，但也涵盖了少许的课程领导职责。这就使得校长在履行行政领导职责的过程中，也间接地履行了一些课程领导的职能，从而就认为已经完成了课程领导的职责，其实离课程领导还相差甚远，校长们从实际意义上已经将两者混淆。

有学者指出，在传统的课程管理背景下，学校是一种"工具性组织"，仅仅是完成游离于学校之外的上级管理机构所赋予的课程任务的工具，没有自主决策权，仅仅是课程任务与学生之间的中介。国家规定的课程任务、目标以行政命令的形式下达给学校，由教师在学校中实施，毫无更改地传递给学生。校长的作用仅仅是外在目标、任务的守望者和人力资源的管理者，教师的角色仅仅是课程政策的消费者和执行者。在课程领导背景下，科层制的等级体系阻碍了课程改革的进程，外在的权威控制使学校难以适应环境的变化，垂直的沟通模式致使教职员工间协作的崩溃，教师的作用被忽视，导致最低的绩效水平。由此可见，课程领导与行政领导，其旨趣相距甚远。① 然而，在实践中，一些校长依然紧紧抓住行政领导不放，对课程领导权力忽视，甚至是弃置不管。

因此，课程领导的提出，要求校长不仅要担负行政领导的角色，更需要重视与强化课程领导的角色。强化课程领导的角色并不是意味着完全抛弃校长的行政领导角色，而是在两种角色的处理上有所侧重，更加重视课程领导角色，彻底厘清两者的基本内涵，这样才能适应当今社会对人才培养的要求。

二、校长在课程领导中的角色定位

校长在课程领导中到底应该扮演什么样的角色，人们对此众说纷纭。美国教育行政学者托马斯·J·萨乔万尼倡导五种领导模式：技术领导、人际领导、教育领导、象征领导及文化领导。C.J. 马什提出了三种角色观：响应者、管理者、倡导者。布拉德利提出了五种角色观：教导者、问题解决者、倡导者、服务者和激励者。奥恩斯坦和汉金斯亦分析指出，在大型的学校，校长应作为一位课程的激励者；在小型学校，则期盼校长主动地成为课程编制引导者、发展者和实施者。台湾学者黄旭均提出了校长课程领导应扮演九种角色：趋势与新议题的感知者、课程目标与任务的制订者、课程事务的协调者、课程发展的管理者、成员进修的带动者、课程评价的实施者、课程改革的

---

① 陈明宏．校长课程领导的研究[D]．上海：华东师范大学，2007：94．

激励者、课程专业文化的倡导者及各种势力的整合者。

以上观点均以校长在课程实施中的任务为基准来定位校长角色。国内学者在研究中则提出了五种、六种、八种角色观。如郑东辉提出了五种角色观：课程愿景的策划者、课程团队与资源的组织者、学校专业文化的倡导者、课程发展的协调者和课程革新的激励者。黄腾蛟以国外中小学校长在课程领导中的角色定位为借鉴，主张校长在课程领导中应承担课程规划者、课程选择者、课程使用者、课程管理者、课程评价者和课程开发者的六种角色观。刘燕主张校长课程领导的八种角色观，即课程愿景的策划者、课程实施的组织者和协调者、课程资源的提供者、课程团队组织者、学校专业文化的倡导者、课程发展的协调者、课程革新的激励者、课程评鉴与改进的参与者。以上观点虽然表述不同，但阐释的内容有共同的地方，即都突出了校长在课程团队合作、课程资源开发、课程文化建设、课程评价完善等方面的引领作用。①

总的来看，校长在课程领导中应当扮演什么角色，这是个综合性问题。课程领导本身就是一个动态复杂的过程，在这个过程中，不能将校长课程领导理解为校长一个人的课程领导，这需要众多力量的参与，比如教师、学生、家长、社会等，校长的角色应该是一个全局的把握者和领导者，并引领这些力量共同进行课程领导。在课程领导中，涉及课程规划、课程开发、课程实施以及课程评价等多方面因素。因此，这就要求校长在每一个环节中都应扮演一个重要角色，以保证课程领导过程的顺畅运行。

---

① 刘冬梅. 对校长课程领导力的考察和思考[J]. 教学月刊，2010(12)：3-4.

(一)课程领导团队的指挥者与领导者

什么是领导者，领导者就是能起到领航、指导、导向作用的人，正如一个乐团需要一名指挥一样，校长在课程领导中必须做一个指挥者。相比一个乐团，校长在课程领导中所做的应当更多，涉及的内容更丰富。我们知道，课程领导不仅仅是向被领导者授权，鼓励下属积极参与，并且主要依赖于个人专长去影响下属，把教师、学生等力量引入课程领导的过程中来。那么，此时就需要校长来整合各种力量，进行总体的规划和指挥。

校长的课程领导，从职能需求上来讲，不仅仅要强调校长应作为一名指挥者，还必须作为一名领导者的姿态出现。领导者的职务、权力、责任和利益的统一，是领导者实现有效领导的必要条件。职务是领导者身份的标志，并由此产生引导、率领、指挥、协调、监督、教育等基本职能。在课程领导的过程中，校长应当充分发挥领导者的基本职能。领导者的类型多种多样，包括集权式领导、民主式领导、创新变革式领导、战略领导等。校长作为课程领导的指挥者，应当具备领导者的基本素质，倡导校长应该运用民主式领导、创新变革式领导和战略领导。

民主式领导是领导者向被领导者授权，上下级互相沟通，共同参与决策的一种领导方式。战略领导者的特征是用战略思维进行决策。战略，本质上是一种动态的决策和计划过程，追求的是长期目标，行动过程是以战略意图为指南，以战略使命为目标基础。因此，战略的基本特性，是行动的长期性、整体性和前瞻性。对战略领导者而言，是将领导的权力与全面调动组织内外资源相结合，实现组织的长远目标，把组织的价值活动进行动态调整。校长作为课程领导者，需要采用民主式的领导方式，需要用战略的眼光看问题，分析问题，而战略思维是一个领导者所必须拥有的素质。

(二)课程规划的引领者

引领者就是一名引路人，能够指引方向的人，能带领团队的人。规划是指对事物前景的探索和发展的设定，在制订规划的过程中，需要一名能够带领团队向前的引路人，而校长在课程规划中恰好应作为引领者的角色出现。课程规划在校长的课程领导中占有重要位置，它并不是一个孤独的概念，而是包含了课程资源的整合和开发等有关课程改革的丰富内容。校长在课程规划过程中必须站在一定的高度上，引领团队指挥和安排整个课程规划的过程。课程规划是构筑理想课程框架的一个过程，在这个过程中，不仅要考虑到国家课程、地方课程的安排和实施，更重要的是要立足于本校的具体实际情况，规划校本课程。

什么是课程规划？有学者指出，学校课程规划是指学校以本校为基础，对学校课程(包括国家课程、地方课程和学校自主开发的校本课程)的设计、实施与评价等进行整体性规划与安排。通过学校课程规划，能够协调学校各种活动的形式，综合学校各种课程的功能，保障学校的课程与教学工作都围绕着学校的课程目标而展开。课程规划是学校贯彻国家三级课程管理政策、校本化实施三级课程体制的基本纲领，是教师进行课程改革与实践的参照标准，是学校进行课程与教学评价的重要依据。因此，学校课程规划实际上也是学校课程意识的整体体现和课程领导水平的衡量标志，可以说，校长引领学校课程规划的过程也就是实现其课程领导的过程。[①]

学校课程规划不是一个人的事情，也不是仅仅靠校长就能够完成的事情，它需要一个团队、一个集体共同努力。校长在课程规划中更要起到引领的作用，要根据社会需要和本校的实际情况，有意识地整合学校课程发展中的各种要素和资源，挖掘学校课程内在的发展潜力，确立学校课程发展的方向和目标，探索学校课程有效的发展道路。学校课程规划体现着学校管理者对学校课程未来发展的新思考与新探索，是学校管理者进一步厘清思路、不断解放思想、大胆创新的过程。在这一过程中，即使校长无法摆脱许多日常行政事务，只要校长引领学校成员投身于课程规划，就必然会对学校的课程与教学投入更多的时间与精力，由"行政领导"转向"课程领导"，从而进一步明确其课程领导的角色，提高其课程领导意识。课程方案只是为课程实施提供了一个总的蓝图，学校课程规划更重要的是如何落实课程方案。因此，学校课程规划还应包括教学内容、教学方式和课程评价的改进，校本课程的实施，相关的组织机构和制度的建立，以及教师专业发展等方面的内容。

显然，学校课程规划几乎涉及学校课程发展的所有工作。为了能够有效地引领这一活动，校长个人必须进行持续的学习，从而具备必要的课程知识与清晰的课程发展概念，对这一过程中所遇到的具体问题也必然会进行研究、分析和解决，并努力为课程规划提供必要的支持与资源。所以，校长引领学校课程规划的过程正是一个学习、思

---

① 魏青云，张立新. 在课程规划中实现校长的课程领导[J]. 当代教育科学，2011(10)：10.

考、探究的过程，是提高课程领导专业知能的过程。[①] 这是符合教育发展规律的，同时也是学校课程规划的需要。

(三)课程开发的先驱者

先驱，就是身先士卒，敢于冲在最前沿。先驱者是一个令人敬仰的称谓，我们习惯使用"革命先驱者"，以表明我们的敬仰之情。而在学校课程开发中，校长要以先驱者的角色出现，来直面课程开发所带来的挑战。学校课程一般包括国家课程、地方课程和校本课程。国家课程和地方课程通常而言是固定的，这里讲的课程开发主要指的是校本课程开发。课程开发不同于课程改革，正如哥伦布发现新大陆一样，校本课程开发需要"发现"和"挖掘"，并在此基础上不断延伸。

对于课程开发，我们应当认识和把握住两个方面，首先是课程开发要以学校为本，从学校的具体情况出发；其次是课程开发必须把握住"开发"二字。有的学者认为，在内容上，必须考虑到校本课程开发所隐含的新的教育理念和课程假设。与此同时，还必须考虑到我国的国情、语言习惯以及中小学教育的实际情况。基于上述思考，我们把"校本课程开发"界定为：在学校现场发生并展开的、以国家及地方制定的课程纲要的基本精神为指导的，依据学校自身的性质、特点、条件以及可利用和开发的资源，由学校成员自愿、自主、独立或与校外团体或个人合作开展的，旨在满足本校所有学生学习需求的一切形式的课程开发活动，它是一个持续和动态的课程改进的过程。[②] 既然在

---

① 魏青云，张立新. 在课程规划中实现校长的课程领导[J]. 当代教育科学，2011(10)：11.

② 徐玉珍. 校本课程开发：概念解读[J]. 课程·教材·教法，2001(4)：13-14.

原始的课程上有所变动或者在一定程度上增添了新的课程内容，那么在课程实施的过程中必然要考虑教师和学生的积极性问题和升学压力的现实问题。因此，校长在课程开发的过程中必须依据本校的实际情况，充当先驱者的角色，鼓励和引导教师进行校本课程的开发，以丰富学生的学习内容，传递当地的历史文化和风俗民情。

然而，在校本课程开发的过程中，学校遇到的最大的难题是家长和社会对升学和高分的追求。有位甘肃的校长这样说：

"成绩决定一切，成绩是生命线。毕竟升学率是社会和家长最关心的问题，你课改了，成绩上不去，社会和家长就不认可你这所学校了，谁能把握高考谁就能赢得荣誉，学生才到你的学校，学校才能得到家长的认可。""课程领导这个词我知道，但真正什么意思我给你说不清楚。课改的设想和理念特别好，但实施起来有困难，家长就看重高考。只要孩子考上大学，新课改也就实施了，如果考不好，家长就认为这新课改不好。我想，课程领导就是应该怎么去设计课程，怎样去督促实施课程吧！实话实说吧，对于学校来说，高考就是生命线，如果学校太多顾及课改，一旦学生考试成绩不行，家长就会抱怨，学校的声誉就不好。"[1]

这种现象在我国是极为普遍的，因为对升学和对高分的追求，对校本课程开发和实施形成了较大的阻力。

校长作为课程开发的先驱者，必须明确校本课程所面对的对象是

---

[1]　曹爱琴. 高中校长课程领导研究[D]. 兰州：西北师范大学，2012：34.

学生。所以，怎样在不影响学生考试成绩的基础上，充分调动教师的积极性，利用各种资源，开发适合当地社会经济发展的、多种多样的校本课程，是校长必须思考的重要问题。

(四)课程实施的督导者

人们对"课程实施"有不同的理解，如有的学者认为，课程实施是教师怎样将规划好的课程方案付诸实际的教学过程；也有学者认为，课程实施除了课堂层面的教学外，还应包括地方层面的课程推广。但无论如何，教学是课程实施的重要范畴。从历史的角度来看，我国的课程实施或教学主要有三种类型：一是基于教师经验的课程实施，二是基于教科书的课程实施，三是基于课程标准的课程实施(教学)。当前，尽管有了国家课程标准，倡导教师应该基于课程标准开展教学，但事实上，绝大部分教师还是依据教科书来实施课程。[①]

校长作为课程实施的督导者应当注重教师在课程实施中的作用，及时与教师进行沟通与反馈，不断提高课程教学的效果。同时，督导与服务并存。校长对课程实施的督导体现在很多方面，包括制度上的督导，实际操作的督导等。实施课程的主渠道在课堂，在课程开齐开足的前提下，开好课程最为重要。这就要求教师的教学行为要充分地体现新课程理念。校长要指导广大教师依据课程标准组织教学，引导学生主动学习、独立思考、动手实践，不断提高教学质量和水平。为此，校长要深入课堂教学第一线，分析教学动态，摸清课堂真实情况。要抓住教学环节中的问题，研究如何优化教学过程、教学方法，

---

① 崔允漷.课程实施的新取向：基于课程标准的教学[J].教育研究，2009(1)：77-78.

提高课程实施的有效性和到位度。[①]

校长作为课程实施的督导者，首先要树立督导意识和责任心，对课程实施的督导不同于其他方面的监督，在督导的过程中必须做好记录，善于发现教师课程教学的优点和不足，对教师的优点要及时、大胆地鼓励和表扬，对教师的不足之处要实事求是地指出，并对其提出具体的改进意见和要求，使其教学水平不断提高。

（五）课程评价的组织者

课程评价是一个价值判断的过程，价值判断要求在事实描述的基础上，体现评价者的价值观念和主观愿望。不同的评价主体因其自身的需要和观念的不同，对同一事物或活动会产生不同的判断。校长作为课程评估的组织者，应建立评价机制，定期进行教学检查、课程与教学评价、教务评价、校长教学领导评价等，来保障教学时间与课程的安排，督促学生的进步，确保课程教学质量，以培育学生的知识与能力，进而促进学校的整体改革。[②]

课程评价的方式是多种多样的，它可以运用定量方法或者是定性的方法进行测量。课程评价是一个复杂的过程，不能仅单用一两种方法就判断出课程好坏的结论。在对课程进行评价时要同时考量以下几个因素，即实施方案、实施过程和实施效果。课程评价的对象涵盖范围很大，它不仅包括课程规划，也包括参与课程实施的教师、学生、

---

① 唐德海. 校长课程领导力考量的六个维度[J]. 现代中小学教育，2013(1)：74-75.

② 陈如平. 校长教学领导：提高学校效能和促进学校变革的策略[J]. 当代教育科学，2004(20)：32.

学校等能动因素，还包括课程活动的结果，即学生和教师的发展。

虽然课程评价看起来简单易操作，但是在实际运作中会有难题，一位甘肃的校长说：

"我们没个统一的标准，评价跟不上。对教师的评价不完善，导致教师评职称很困难，还有学生的评价，高考不可能把一个学生的评价考虑在内。因此评价很困难。甘肃的各个方面很滞后，可以说现在新课改的进展举步维艰。像学生学业水平如何测试，如何与高考挂钩，评价标准和评价机制是什么。""……评价的话就把人弄坏了，上学期每节课每个小孩都要评价，给个 A、B、C、D，老师评价有很多份表格，不知道怎么评价，班额比较大，五六十人，每节课不可能关注到每个小孩，这样的评价显然不合适。家长和社会对学校老师和学生的评价，最主要还是成绩。这是明摆的，大家都知道。"①

由此我们看到，校长自身对课程评价的认识也比较模糊，对课程评价的标准也不能很好地把握，进而也不知道在课程评价中应该扮演什么样的角色。这种现象并不是存在于个别校长身上，所以，解决好校长在课程评价中的角色问题就显得非常现实。

那么，校长在课程评价中应该扮演什么角色呢？有学者认为，校长在课程评价过程中扮演着以下重要角色：①学校课程评价观念的转化者。校长个人的评价观念和行为，对教师评价观念的转变起着引导作用。因为校长可以运用领导权力引导课程评价的价值取向，决定学

① 访谈内容引自曹爱琴. 高中校长课程领导研究[D]. 兰州：西北师范大学，2012：52.

校采用何种评价方式。②教师课程评价的支持者。这种支持主要表现在，校长要为教师留出一定的时间，使教师能够对学生进行全面、有效的评估。如果不能提供充足的时间，课程评价的效果就无法保证。同时，校长还要为教师提供多种评价方式，并对教师进行课程评价方式的培训①，以提高教师的课程评价水平。

如何做好课程评价不是一个简单的问题。校长作为课程评价的组织者，首先要树立一切为了学生、激发学生潜能的指导思想，一切评价都立足于促进和保证学生的学习和发展，并且不断改善学生的学习环境。其次，在课程评价的过程中，不能忽视学生的主体性，要充分调动学生参与课程评价的积极性，保证评价主体的多元化。同时，应该注重其他因素的参与，比如家长、社会等。最后，要采用科学合理的评价方法，更加深入地去了解课程实施的具体效果并做出评价。

(六)其他课程领导力的挖掘者

校长课程领导似乎是一个孤独的行为过程，因为在课程领导的过程中，大多强调校长的主体领导地位。其实不然，在课程领导的过程中，强调校长的领导作用没错，无论是课程开发、课程规划、课程实施，还是课程评价，都需要校长作为领导者的角色出现，去积极主动地实现领导行为，但校长在课程领导中不应该是孤独的，校长在课程领导中的主体角色地位还需要其他角色来丰富和完善，不断为其提供支撑，实现课程领导合力的最大化。

一般来说，学校中的教师和学生，尤其是学生，不会积极主动地

---

① 李朝辉. 从管理走向领导——小学校长课程领导的个案研究[D]. 长春：东北师范大学，2006：149-150.

参与到课程领导的过程中来，教师的积极主动性也需要校长去挖掘和鼓励。只有充分发挥教师的积极性和主动性，不断征询学生对课程的意见，才能使校长的课程领导顺利进行。众所周知，在社会领域中，学校作为一个重要的社会组织而存在，她的存在不仅受到社会的影响，同时也在影响着社会。学校为社会提供了各种优秀人才，同时社会也不断地为学校提供有力支撑，校长的课程领导同样也需要外界力量的介入，以最大限度地推动课程改革的顺利实施。

1. 教师课程领导力的挖掘

我国学者在界定教师在课程领导中的角色时持有不同的观点，有的学者认为教师本身就是学校课程的领导者，有的学者认为教师是积极配合校长领导课程的重要力量。不管哪种观点，都认同教师在课程领导中所发挥的重要作用。但是我们应当认清这样一个现实，即教师在课程实施过程中的真正状态是什么。有学者提出，长期以来，我国教师只有教学意识，没有课程意识。换句话说，教师只关心自己所教授的学科，从不关心学校课程的建设和发展。很多教师的工作仅仅停留在完成学校分配的教学任务上，很多教师习惯于按部就班地使用教科书和教学参考书进行教学，缺乏课程参与和课程开发的意识；习惯于服从上级领导，缺乏参与课程领导的意识。他们不愿意承担更多的责任，不愿意承受更多的压力，这是大多数教师的心态。[①] 还有人说，"素质教育搞得轰轰烈烈，应试教育做得扎扎实实"是目前我国中学教育的真实写照。在应试教育的背景下，广大中小学教师背负着沉重的工作压力，很多教师也产生了职业倦怠，他们没有时间和心情参与课

---

① 许占权. 论教师的课程领导[J]. 中小学教师培训，2006(11)：5.

程领导。

　　以上现象在中小学里的存在不是偶然的。针对这种情况，校长们要积极行动起来，采取多种方式，从不同层面、不同角度激发教师参与课程领导的积极性，使教师的积极作用不仅表现在教学上，更应该体现在课程开发、课程实施的过程中。尤其是在校本课程的开发中，教师应该具有较大的发言权，因为教师是具体课程的实施者。因此，校长在课程开发上要积极挖掘教师的潜能，并竭诚为其提供服务。

　　纵观十多年校本课程的开发，就开发主体而言主要有三类，教师个人开发、教师集体开发和校社集体开发（由校内教师与校外社会人士共同合作开发）。总体上讲，几位教师合作开发校本课程应占多数，但也不可忽视有一定的比例是属于教师个人独立开发。个人独立开发的教师往往具有某方面的特长或学术专长，这原本是件好事，但由于学校往往缺乏规范的课程开发制度，缺乏良好的课程开发氛围，加之缺乏对课程开发意义的正确理解，致使有特长的教师反倒觉得委屈，"既然你能，你就自己做好了"，这已经成为教师们看笑话的口头禅。[①]

　　造成这种现象的原因正是校长的课程开发先驱者的角色没有做到位，在协调教师课程开发过程中没有充分发挥出校长自身作为课程领导的权威。校长作为课程的领导者，怎么激发教师参与课程领导的积极性，让教师愿意并且能够在课程开发中发挥他们的领导才能，是校长们必须具备的领导力。如果校长忽略教师在课程领导中的重要地位，而在课程领导中采用过于集权的方式，则很容易引发教师的消极、抗拒或抵制的情绪和行为。

---

① 李臣之，王虹."校本课程"开发：实践样态与深化路径[J].教育科学研究，2013(1)：63.

总之，校长课程领导水平的高低，在很大程度上体现在能否调动教师参与课程领导的积极性，能否真正赋予教师课程领导的权力。同时，也需要教师自身具有课程领导的相关知识和能力。

2. 学生课程领导力的挖掘

长期以来，让学生参与到课程领导中来的做法一直没有得到很好的重视，在大多数情况下，参与课程领导角色的大多是教育行政机构的领导、教育界的专家学者、学校的校长和教师等，而学生则因为年龄小、心智不成熟等原因而被仅仅看成是课程计划安排的客体，其参与课程的作用则相对容易被忽视。在课程实施的过程中，学生对课程改革的感受如何，领导者则很少问及。对于学生自身而言，即使对课程改革有很好的建议也无从谈起。这容易造成校长课程领导运作过程的断裂，无法准确、及时地从学生那里获得课程改革的反馈信息。

实践证明，学生参与课程领导表现出来的主体意识，能使成人逐渐信任他们有能力胜任课程领导。民主社会中的课程规划能够促进教育供给的平等和个人权利的实现。新课程改革以来，多层级的课程管理体制的推行，让学校课程获得了一定的地位并保持一定的比例，也使得学校课程领导获得了相当大的权力。可以说，学生参与课程领导就是我国教育民主化的产物，民主化趋向是学生参与课程领导的一个重要倾向。因此，校长在课程领导过程中应该重视学生对课程的意见和建议，让他们也成为课程领导力中的不可忽视的重要一员。

3. 家长和社区领导力的挖掘

学校不能脱离社会而孤立存在，课程领导单靠学校自身也不能很好地实现目标。校长的课程领导也是如此，在校内要积极鼓励和激发教师和学生参与课程改革的积极性，在校外要尽力调动家长参与学校课程改革的热情，利用家长们的智慧和资源，丰富学校的校本课程。在我国，家长一直扮演学校课程改革的配角，一直是按照学校指令行事的旁观者。即使在优质学校，家长也一直扮演着这样的角色。因此，家长想要成为共同体的成员，成为真正的课程决策者，在实践上需要更多的努力。①社区作为一个重要的社会组织，具备丰富的资源，它在校本课程开发过程中的作用是不可或缺的。

总之，从学校所处的社区资源出发，采集有特色的个性化资源，不仅使师生萌生一种亲切感，愿意接受，积极参与，而且和现成的教科书上的带有共性的内容形成互补，同时受到广大社区人员的支持，有助于形成学校的办学特色。

---

① 李朝辉．从管理走向领导 ——小学校长课程领导的个案研究[D]．长春：东北师范大学，2006：156.

第四章　校长课程领导力的现状

在世界范围内，教育领导的回归以及我国当前课程改革的现实状况，都要求校长不应该仅仅是一个"与课程教学工作分离的学校管理者"，而应该是一个关注课程的设计、课程的实施和课程评价，并且对整个课程教学产生影响的教育领导者。课程与教学工作是学校的中心工作，校长是第一责任人。教学工作的核心内容说到底就是课程的有效实施。课程是学校提供给学生在学校期间得以获取知识、能力、人格以及学习经历等一切活动的总和。要保证课程的有效实施，提高教学的有效性，其相关因素很多，就课程本身而言，课程理念、课程目标、课程开发、课程结构、课程内容、课程评价等都是决定课程能否得到有效实施的重要因素。但就一所学校而言，教师是否具有课程意识、课程理念是否深入人心、课程实施是否校本化、课程管理是否科学高效、课程质量的保障机制是否健全等主要取决于校长的课程领导力。

那么，现实中的校长课程领导力的状况怎样呢？下面我们就从校长的课程意识、课程领导、课程资源的整合与开发等几个视角来展现我国目前中小学校长的课程领导力状况，并对产生这种现象的原因进行深入的分析，以对校长课程领导力的提升有所帮助。

一、现实中的校长课程领导力

对于我国中小学校长来说，课程领导既是一个全新的课题，也是一个极大的挑战。随着基础教育课程改革的不断推进，校长们逐渐认识到课程领导是影响课程改革成效的关键性因素之一，并尝试着担负起学校课程领导的角色和任务。然而，在学校课程改革与发展的现实境遇中，校长们的课程领导力的整体现状并不是十分理想，校长在课程领导的过程中多是凭借经验，在无意识的状态下从事课程领导工作，不时地会产生角色迷惘或角色错位，不知自己在其中应扮演什么样的角色和承担什么样的责任，或者说虽然在认知层面上已有清晰的定位与思考，但在实践层面上却仍然不知如何作为。一言以蔽之，校长缺乏课程领导意识与专业素养，换句话说也就是校长们的课程领导力普遍不强，难以胜任课程领导。下面我们就从几个方面呈现我国中小学校长课程领导力的现状及问题。

(一)校长的课程领导意识缺乏

课程改革的实施与推进打破了学校原有的课程常规，这对校长提出了新的挑战，要求校长转变观念，摆脱传统课程管理思想的束缚，要从课程管理走向课程领导。但旧的课程管理思想根深蒂固，一些校长缺乏课程领导意识，甚至还没有意识到课程领导的重要性。据研究者的调查发现，校长课程领导意识淡薄主要表现为以下三个方面。①

1. 校长的课程领导角色模糊

随着国家、地方、学校三级课程管理制度的实行，校长作为学校领导的核心，其职业角色的内涵与外延都发生了根本性的转变。校长不仅承担着国家课程、地方课程在学校内实施的责任，还承担着课程品质的提升、校本课程的研发、教师专业水平的提升等重任。在如此复杂的背景下，校长必须明确自身的角色，不仅要学会管理学校，更要学会领导学校。因此，校长课程领导意识的强弱会在很大程度上影响着学校今后的课程改革发展趋势。

从主观认识来说，大多数校长已经能正确地认知自我角色，认为自己工作的重心应该放在课程与教学上。而在现实工作中，过于繁忙的校务使得校长分不开身，往往找不出时间来践行这一角色。校长每天的工作千头万绪，经常要忙于应付上级教育行政部门的各种检查，几乎每天都会有忙不完的事情，所以很难专注于课程教学工作。校长在学校日常工作中扮演更多的仍是行政管理者的角色，用在课程与教学事务上的时间相对较少。正如莫里斯所指出的，"繁忙的校长无处不到，在这些巡视中，从办公室到走廊、教室、健身房、锅炉房、运动场，再返回来，校长正在管理学校。"②如此烦杂的日常行政事务使得大多数校长往往无暇顾及课程领导者的角色。所以，在理想和现实之间还是存在一些差距的，虽然很多校长在主观意识上认识到自己应该担任的角色，但是现实情境却让校长们陷入一种不得已而为之的困

---

① 夏禄祥. 论校长课程领导力的提升[D]. 郑州：河南大学，2013：23.

② [美]托马斯·J·萨乔万尼. 校长学：一种反思性实践观[M]. 张虹，译. 上海：上海教育出版社，2004：14.

境，模糊了课程领导的角色意识。

（1）校长的课程观念模糊

在中小学办学的实践中，不少校长对学校课程的认识仍然处于模糊状态，其具体表现为以下三个方面。

一是存在一种狭窄的课程观，将课程理解为教学科目，窄化为学科课程。这种课程观下的课程结构显然是一种国家规定的几门学科课程。笔者在调研访谈中问及校长："你认为什么是课程?"有的校长回答说，"课程就是教学内容""课程就是学生学习的那几门教学科目"。因此，他们将学校课程窄化为国家固定化的课程，学校课程结构就是一些应对升学考试的学科课程。

二是有的校长头脑中没有课程概念，更没有意识到自己的课程领导角色。校长将自己的职责理解为日常教学管理，抓教学是主要任务，头脑中没有课程概念，课程建设和课程结构的构建更是无从谈起。如有的校长认为，"学校的课程设置是国家规定了的，是国家的事情，我们所做的只是实施课程"。在一些学校，教学只停留在校长的口头上，他们往往把学校的教学之事让业务校长分管，一推了之。自己则把主要精力花在搞"外交"关系上。至今仍有相当数量的校长把自己的主要职责定位在"行政管理"上，形和影都不在教学上。有的校长很少关注学校课程资源的整合与开发，很少研究课程校本化的保障机制，很少深入课堂一线，参与教研活动，致使自己的课程话语权逐渐弱化，课程领导力不断下降。

三是对于所开设的课程缺乏内在的思路。笔者在调研中了解到，很多校长对学校所开设的课程没有进行整体性的规划。受原有课程观念的影响，一谈到课程，有些校长认为就是国家规定的教学计划，对此学校只能原模原样地执行；课程是国家的事情，学校所做的只是实施课程，学校没有资格、没有能力，也没有必要去设计学校自己的一套课程体系。这种情况不仅存在于那些为了生存问题而无暇顾及学校课程结构的学校，而且那些没有生存压力的部分优质学校也没有意识到学校的课程结构问题。对于上述困境，迫切需要解决的一个问题就是呼唤校长对学校课程结构问题从无意识状态走向自觉行动状态。①

美国学者彼得·圣吉在《第五项修炼》中指出，校长的角色经过"首席教师"到"一般管理者"的转变，再到"专业与科学的管理者"的转变，再到"行政人员及教学领导者"的转变，最后成为现在的"课程领导者"。在现实中，一些校长课程领导意识模糊，甚至还没有意识到课程领导的必要性。新课程改革的实施，对校长的课程领导力提出了明确的要求。要求校长要转变旧有的课程观念，变课程管理为课程领导。并且要校长切实意识到自己在课程中的地位和角色，要努力提升自己的课程领导力，这直接关系到学校课程改革的成效。

（2）校长的课程责任意识淡漠

从我国当前课程改革的现实状况来看，都要求校长不应该只是一个"与教学工作分离的学校管理职位"，而是一个关注课堂教学，并能对课堂教学产生影响的教育领导者。虽然很多校长都曾经是很优秀的教师，但是在走上校长的岗位之后，往往行政事务缠身，忙于应付。加之课程发展本身就是一项需要长期投入的工作，尤其在初期，课程实施方案的制订、各项活动的推进、对教师疑难的解答与精神支持等，都需要校长在时间上积极投入。因此，在现实生活中，我们经常

---

① 赵文平.校长的学校课程结构领导力探析[J].中国教育学刊，2013（5）：48.

会发现，他们几乎没有时间或者不愿意去关照课堂教学，因而至多仅能成为萨乔万尼所说的"技术型"和"人际型"的领导者，在学校课程与教学方面的发言权也越来越弱。正如一些学者研究所得出的结论一样：教育改革失败的原因在于"没有找准正确的事情——课程和教学的文化核心"。在富兰看来，教育改革过程中"最难打开的内核就是学校的内核——教学实践的变革和教学精神的变革"。而这些正是诸多校长没有时间去做或者忽略了的地方。①

根据美国学者马丁和威洛在 1981 年对校长工作时间分割情况的调查，校长直接用于课程实施的时间不过占全部工作时间的 17％而已。斯普劳尔同年的调查结果也是如此，校长用于教学计划的时间占整个工作时间的 23％，直接同教学相关的时间不过是 4％。② 虽然工作时间分配的比重并不能完全表明校长对学校的课程与教学工作的重视程度，但却足以说明校长的工作重心并没有放在课程与教学上面。因而，校长的课程责任意识愈加淡漠，其"专业权威"正在逐渐丧失，而其"行政权威"的身份却在逐渐得以强化，因而，校长越来越难以对教师进行课程与教学的指导。与此同时，教师也越来越不把校长作为课程与教学的指导者。

（3）校长的课程领导职能缺失

在校长所从事的日常工作中，能体现校长课程领导职能的很少，听课、评课是校长所进行的为数不多的与课程实施有关的工作，但在很多情况下，这一基本工作也无法很好地落实。校长掌管校务，行政

---

① 余进利. 课程领导研究［M］. 上海：上海教育出版社，2009：119.

② 钟启泉. 从"行政权威"走向"专业权威"——"课程领导"的困惑与课题［J］. 教育发展研究，2006(4A).

事务繁忙，学校大大小小的事，校长都要负监督之责。因此，校长要想实现从行政领导转向课程领导并非易事，在现实的学校生活中就表现为校长课程领导职能的缺失。①

根据王永丽的调查，绝大多数的校长认为，课程领导不是校长个人的责任，校长不能够准确地把握课改的理念。能够完全准确地把握课改理念的校长占11.8%，基本可以理解课改理念；对课改有相当认识和了解的校长占85%，基本不能把握课改理念的占3.20%；完全没听说课改的校长没有。可以说，大部分校长对课程改革并不陌生，有些学校的校长对课改的理念还有较深程度的理解和把握，不少学校还在课程改革方面做足了功课。但是，我们不难发现，并不是所有的校长都能准确地理解课改，校长们对课改的认识并不是十分到位。现实的情况可能跟教育部对校长们的要求似乎还是存在着相当大的差距。

根据笔者对一位来自贵州山区的某中学年轻校长的访谈，他因当选为县优秀青年教师而被提拔为校长。他说：

"在平时的教学工作中，老师们多数只考虑怎么教，而很少考虑教什么、为什么教的问题。也就是说，我和我的同事们有了较强的教学意识，但少有课程意识。这一现象可能与我们所接受的教育相关，也可能与现行的提拔干部的导向相关。"

据调查，有少数校长能够深入课堂教学，对课堂教学改革的理解

---

① 张文. 校长课程领导研究[D]. 济南：山东师范大学，2006：14.

比较深刻，而大部分校长在学校专门从事行政性的工作，对课堂教学缺乏更深刻的感受，因而校长的课程教学指导能力还比较薄弱。一位安徽的校长在调查中谈道：

"校长的烦琐事务太多，做的多半是行政性的工作，而在教学领导上的时间不可能太多。学校的课程是由我带领团队去研究，但是具体层面上的事情多半都放权，让教学副校长负责，课程委员会商议讨论，教师去执行与操作。而且我对多科目都是外行，如果能全力做课程和教学的工作就好了。"①

看来，把学校的行政事务作为第一要务的校长不在少数，这种现象凸显了校长课程领导职能的缺失。这种缺失直接影响学校课程改革的进程和质量。

2. 校长对课程领导的本质认识不清

1952 年，哥伦比亚大学哈里·A·帕素教授最早在《以小组为中心的课程领导》一文中提出了课程领导的概念，此后许多国内外学者对于课程领导给出了明确的定义。综合而言，课程领导就是课程的领导者在课程发展的过程中，通过自身领导资源和能力影响并引领学校其他成员，为课程的设计、实施和评价等提供各方面的支持，使课程的质量得到有效提升，使教师在专业技能上得到发展，也使学生在学习品质上得到改进。由此可见，校长的课程领导并非一个空设的工作内容，需要校长真正拿出时间和精力，通过自身课程领导意识的加

① 王永丽. 校长的课程领导力研究[D]. 上海：华东师范大学，2007：26.

强，构建学校的优质文化，提升学校的教育效能和课程品质，达成学校的课程愿景。

正如美国学者格拉索恩所指出的，"负有课程领导之责的学校行政人员往往会面临一些问题。第一个问题就是不清楚课程领导的本质。很多校长对于课程领导者的定义都不清楚。"多数校长对课程领导的了解尚处于感性阶段，并没有真正明了课程领导的本质意义，更不用说有意识地发挥课程领导的作用了。据调查，56.4%的校长将课程领导等同于课程管理，30.9%的校长视课程领导为教学领导，7.3%的校长认为课程领导就是行政领导。甚至还有一部分校长对课程领导持怀疑态度，正如一位校长所言：

"我以前听说过课程管理、教学领导，课程领导还是第一次听说，会不会又是一些专家学者搞出来的新名词，就是把管理换成领导或者是把教学换成课程？换汤不换药吧！"①

如果一个校长对课程领导的本质都不能很好地把握的话，可想而知，他在学校课程改革的实践中怎能引领教师进行课程开发、课程实施和课程评价呢？又怎能很好地支持教师的课程改革呢？

(二)课程领导及专业知识缺乏

1. 课程领导知识贫乏

"校长课程领导的实质应该是作为社会的一种规划，或者说是一

---

① 夏禄祥. 论校长课程领导力的提升[D]. 郑州：河南大学，2008：43.

种政治操作的过程，其过程和成品都会受到不同决策的影响。"①课程领导是集政府的权威、领导者的专业权威和个人魅力等多个要素于一体的行为。因而，扎实的管理学基础知识、课程领导的知识、沟通交流的艺术和人力资源管理等方面的专业知识是提升校长课程领导力的重要知识要素。但是，在众多调查中发现，大多数校长对于行政事务是比较精通的，而对于课程领导知识整体上还是比较缺乏的，这主要体现在缺乏课程理论知识和实践知识两个方面。

第一，课程理论知识的缺乏。大多数校长对于课程的基本理论知识的认识还存在一些偏差，他们中的不少人仍然把"课程"看成是"教学科目"，把"行政领导"等同于"课程领导"。持有这种观念的校长还大有人在。一位具备良好"课程领导"素养的校长应该了解关于课程的基本概念、内容、形式和评价手段等方面的基本知识，应该掌握课程论、教育哲学、心理学、管理学等方面的内容。但目前相当数量的中小学校长都没有系统地学习过相应的知识，他们只是通过自学或者是校长培训等方式来获得这些知识。虽然校长们渴望能够通过学习的方式来提高自身的理论知识，但由于自身行政事务过多，用在学习上的时间较少，并且大多数校长培训时间也是比较短，培训的内容并非完全是自己所需。所以，能够系统学习课程领导知识的时间与精力确实是非常有限的。

第二，课程实践知识的不足。英国哲学家、政治经济学家卡尔·波兰尼（Karl Polanyi）说过："知识的获得，甚至是说科学知识的获得，一步一步都需要是个人意会的估计和评价。"对于校长来说，他的

---

① 钟启泉.从"行政权威"走向"专业权威"[J].教育发展研究,2006(4A):23-24.

实践性知识是内在和外在的综合体。内在的知识是一种无意识的默认知识，主要依赖校长的个人经验与反思，这种内在的知识在很大程度上所反映的是校长在专业上的熟悉程度。将学过的知识理论转化为自己的内在知识是校长更好地驾驭拥有的资源的必要条件，也是将知识转化为自身能力的前提。①

2. 课程领导的专业知能欠缺

身为课程领导者，校长必须具备课程发展和课程领导方面的专业知识。一直以来，校长的日常工作偏重于行政组织与学校人力的调整与配置，而对课程知识、课程管理相关的专业知识关注不多，这些知识在校长培训的过程中也未受到应有的重视。因此，校长的课程领导专业知能的欠缺和不足是较为普遍的现象。一位校长这样说：

"我工作中最大的困惑就是不知道怎么把握校长的角色问题。也知道校长不应该事无巨细地什么都管，应该多考虑学校的发展、学校的规划，应该站在更高的层次上去。但是由于自身的理论水平、自己的能力的限制，很难再上一个层次。所以自己有空也看看书，从书上学习一些东西，但是我感觉还是远远不够的，我觉得还是多去好的学校去实地考察和学习效果更好，看人家是怎么做的，再结合自己学校的特点，就会有一些好的想法，我感觉这样的收获更大。"②

上述校长的观点显示了其课程领导专业知识和能力的不足。我国新课程改革为学校规定了学校课程实施方案、选用教材、开发校本课

---

① 夏禄祥.论校长课程领导力的提升[D].郑州：河南大学，2013：28-29.
② 张文.校长课程领导之研究[D].济南：山东师范大学，2006：36.

程、对课程实施进行自我监控、组织专业发展活动等职责。虽然无法奢望校长们样样都精通，但校长作为学校的课程领导者，不该迷信法定权、强制权和奖赏权，还得拥有一定的专家权及参照权。现实情况显示，即便在那些课程改革开展得比较好的学校里，校长似乎还是没有太多的时间顾及自身的课程知能发展。

因此，虽然强调课程校本化实施，但校长在未具备充分的课程发展知能时，是难以扮演好"教育者"的角色的，更谈不上在教师寻求帮助时，扮演"指导者"的角色。也正是由于校长的课程领导知识和能力的不足，校长的专业地位也受到了质疑，致使学校课程发展的工作难以顺利推进。

(三)课程规划、整合与开发能力不足

1. 课程规划和课程资源的整合力不足

学校课程规划是指学校根据其办学理念和办学特色等实际情况，对存在于本校的所有课程进行全方位的规划，以调适学校情境中的国家课程、地方课程和校本课程之间的关系。因此，学校的课程规划是课程整合的起点。校长应该站在课程规划的前沿，扮演引领者的角色，充分发挥课程领导总指挥的作用。课程规划需要从资源整合的角度出发，立足于学校的整体发展，通盘设计、统筹安排学校中的全部课程。课程方案的制订是学校课程规划的核心内容，制订学校课程方案必须以学校为本位，以学校的愿景与使命为宗旨，关注学生发展的需求，努力继承和发扬学校已有的课程优势，积极创造、充分利用学校课程改革中的机遇。不可否认，学校课程方案为课程实施提供了一个总的蓝图，但更为重要的是如何落实课程方案，确保让每一位学生

都能从课程的学习中有所收获。①

就现实情况而言，一些学校的课程规划并没有得到很好地重视，其原因是多方面的，但校长的课程领导力不足与之密切相关，主要表现在以下几个方面：一是课程规划不全面。校长在考虑课程规划目标时，关注了学生的发展与学校的发展，忽视了教师的发展，认为课程规划改革是教师的任务，是教学的需要，是必须完成的，没有考虑教师是否接受，这也说明了学校没有考虑教师的维度，没有让教师发挥主观能动性，只是认为教师参与课程规划是为了完成教学与科研任务。在关于限制学校规划因素的现实原因中，大多数教师认为，没有足够的时间保障是学校课程规划问题出现的主要原因，这从侧面说明了该学校教师教学负担较重，教师没有从学校课程规划中得到系统的培训，也没有利用课程规划的技术手段，简化自己的教学任务。② 二是课程规划脱离实际。每所学校的规划和发展都与当地的经济、社会、人文环境息息相关。有些学校在课程规划时忽略当地特色，盲目跟风其他学校的办学模式，无法形成自身的办学特色，开设的一些课程严重脱离学校和当地的实际。

学校课程资源包括学校人力资源、物力资源、财力资源。校长对课程资源的整合就是要对学校内部的人力资源（包括课程管理者、课程辅助人员、任课教师）；物力资源（包括教室、图书馆、教材、教学设备、社区等其他资源）进行整合。财力资源的整合主要指课改资金的整合，对校外的各种资源的充分合理的使用，使之能够协调配合课

---

① 和学新，乌焕焕. 学校课程规划的内涵与价值追求[J]. 教育学术月刊，2010（5）：88.

② 王婷. 学校课程规划研究[D]. 济南：山东师范大学，2011：27.

改中各项工作的顺利进行。

根据对某中学课改班的调查①，发现大部分学校都能够利用学校内外的资源，积极开发校本课程。不少校长也都介绍了各自学校在办学方面的特色，以及在课改实践中的经验。大部分校长能够积极调动教师的课程开发与建设、评价的积极性，能够充分利用图书馆的资源、社区的资源等其他社会资源，使课改工作基本能顺利进行。但是在课改的过程中，也有部分学校不能有效地利用校内外的有利资源，不能最大限度地调动教师和学生的积极性，社区资源不能得到有效地利用，家长不能充分地参与到学校的课程改革中，这些因素势必会影响到课改的正常进行和效果。根据夏心军的调查，有些校长不能根据校情对课程的内容、目标和实施方法等进行整合；有的校长对身边的课程资源视而不见，导致课程的校本化程度不高，于是许多学校都创建"书香校园""阳光体育"等特色活动，导致千校一面。②

总的来说，中学校长的课程资源整合力的不足表现为：很多学校不能根据本校特色，开发整合课程的资源，形成具有个性的课程体系。有相当一部分学校对课程资源的整合能力开发得不够，教师的积极性没有调动起来，学校内的一些隐形资源没能得到有效的利用，社区等社会外部资源和相当多的家长不能很好地参与学校的课程，学校的课程制订、执行、评价处于一个封闭的状态。③

2. 课程设计领导力不强

课程设计是指对课程的目标、内容、结构、实施和评价等活动的

---

① 王永丽. 校长的课程领导力研究[D]. 上海：华东师范大学，2009：32.

② 夏心军. 校长课程领导力：学校特色发展的应然选择[J]. 教育理论与实践，2012(5)：16.

③ 王永丽. 校长的课程领导力研究[D]. 上海：华东师范大学，2009：33.

具体安排，它需要全校师生的共同参与。美国学者格拉索恩（Glatthorn）认为，如果要让学生能精熟某项高品质的课程，校长就必须在各个层次和全部过程当中，扮演积极的领导角色。课程设计一环是课程发展与实施成败的关键，校长的角色尤为重要。[①] 为了寻求较佳的课程设计，面对林林总总的课程理念及策略，校长作为学校课程的主要设计者，要在众多的课程改革项目中，做出切合学校发展的选择，能够就课程目标、学习经验的选择和组织、学生评鉴等方面，对不同的课程观念和课程设计做出慎重考虑。

虽然校长作为课程领导者不可能精通所有学科的内容，但要具备相应的课程专业知识。校长作为课程设计的领头人，应善用学校现有的优势和资源，设计切合学校现状和需求的课程。课程的设计主要涉及学校、教师、社区及其他广泛的社会资源。学校在设计课程时，要关注学生的学习能力、兴趣、学习模式、教师的教学能力、学校拥有的校内外课程资源等。朱嘉颖、黄显华归纳出课程领导者在设计学校课程时应发挥的作用有：认清形势、扬长避短、上下一心、建构愿景、排列课程目标的优次、探究课程目标与行动的配合等。[②] 根据陈明宏的调查，校长在课程设计领导力方面存在以下问题。

①校长们在进行课程设计的领导时，没有足够的勇气和智慧邀请所有课程利益相关者参与讨论、突破学科樊篱、凝聚集体智慧，共同制订课程发展的愿景；②校长作为课程设计的领路人和协调者，未能很好地统帅全体教师，将学校现行的所有课程与教学改革罗列出来，

---

① Glatthorn, A, A.(2000), *The principal as curriculum leader. Shaping What is taught and tested*（2th ed），*thousand*Oaks，CA，Corwin Gress. P. 8.

② 黄显华. 课程领导与校本课程发展[M]. 北京：教育科学出版社，2005：16.

依据学生的学习能力与成效、学科的性质与基础、教师的专业实践和教学知能以及家长和社会的期望，排定先后发展序列。③校长几乎没有意识到让全体教师把各自负责的行动计划与课程目标配对，以此审视学校推行课程设计的走向，探究各种计划与目标之间的关系及其成效，增进同事间的工作知悉，打破以往各自为政的隔阂，减少内耗。①

一位重点中学校长在接受访谈时说：

"新一轮课改虽下放了课程设计的权力，实施三级课程管理，但我认为，这还是由政府给各级学校布置了一项新任务。作为校长，我也是依次将任务布置给部门、教研组及教师，要求通过问卷、访谈等方式收集信息，扬长补短，编写本校特色的校本教材。可是，这样做，一来不能保证所编写的校本教材的科学性，二来给原本疲于奔命的教师又加重了新负担。"

很显然，这位校长没有很好地理解课程设计的含义，丝毫没有课程开发的意识。相反，该校长是将课程的设计视为一项上级布置给校长的任务，是一种自上而下的政府行为，是给学校的一种负担。这种课程观对学校课程的设计显然是没有促进作用的。

3. 对课程资源的开发缺乏积极性

课程资源是指课程设计、实施和评价等整个课程编制过程中可资利用的一切人力、物力以及自然资源的总和。② 课程资源包括校内与

---

① 陈明宏．校长课程领导的研究[D]．上海：华东师范大学，2007：89．

② 施良方．课程理论——课程的基础、原理与问题[M]．北京：教育科学出版社，1996：81．

校外课程资源。"开发"意味着探索、发展和创新。课程开发的含义指使课程的功能适应文化、社会、科学及人际关系的需求，进而持续不断地调整课程、改进课程的活动或过程。它包括课程目标的确定、课程内容的组织和实施以及课程的评价等阶段。校长要想做好课程领导的工作，就必须具备课程资源的开发力，特别是对国家课程的校本化实施与校本课程的自主开发与实施。但根据笔者的调查发现，有的校长不能根据学校的实际情况对课程的内容与实施进行"二次开发"；也有的校长对校内的课程资源视若无睹，对校外资源更加不在乎。对这些资源不予挖掘与整合，致使校本课程的开发和实施的质量也不高。比如在某些中学，师生用的参考资料、选修课的教材等都是从书店买的，很少有自己整合修订的符合校情的教材。①

《基础教育课程改革纲要（试行）》明确规定："学校在执行国家课程和地方课程的同时，应视当地社会、经济发展的具体情况，结合本校传统和优势，学生的兴趣和需要，开发或者选用适当的校本课程。"但据研究者的调查，大多数学校开足国家课程尚可，但在开发校本课程方面却显得力度不足，不少学校领导对校本课程建设漠不关心。为了应付上级的检查评估，甚至把教师的教案拿去稍加改编冒充校本教材。在这些学校，新的课程管理体制不仅没有给学校带来任何积极的改变，反而加重了学生的学业负担，"应试教育"的氛围愈发浓厚。一些学校虽然开发了一些校本课程，但这些课程只针对特长生开设。这种不能面向全体学生的课程根本称不上是校本课程。②

上述现象说明，不少校长仍然认为，课程开发主要还是上级教育

---

① 许丽丽. 高中校长课程领导力研究[D]. 南宁：广西师范大学，2012：28.
② 杨立国. 校长课程领导力建设[J]. 中小学管理，2009(9)：34.

行政部门的事情，校长的任务无非是使上级教育行政部门的课程主张在学校得以体现，他们已经习惯了扮演这种执行者的角色了。许多中小学校长并没有将学校课程的开发作为学术问题来看待，而是作为行政工作来处理的。校长在这个过程中扮演的仍是执行者的角色，即被动地执行上级教育行政部门的课程计划。因此，在提倡课程权力下放、提倡校本课程的今天，我们的校长、教师反而不知道如何做，仍然希望上级教育部门给他们提供详细的、具有很强操作性的指导。

一位校长说：

"课程资源是一个新近提出的概念，我们的课程资源意识还有待强化，对课程资源的认识水平有待提高，如何科学地开发和利用课程资源也是我们在工作中努力的方向。对我们而言，教科书是主要的但不是唯一的课程资源，课程资源的开发主要是学科专家做的，学校、校长、教师、学生、家长也都应参与课程资源的开发，但如何引领他们，如何使课程资源的开发与社会发展需求和进步方向相吻合、与学生的内部需求相匹配、与教师教育教学相协调一直是我困惑的问题之一。"①

还有一位来自贵州的中学校长也谈道：

"对于课程开发来说，学校在实践的层面只是一个行政单位，课程规划开发国家已经有了总体的思路和指导，学校在很大程度上只是

①　陈明宏．校长课程领导的研究[D]．上海：华东师范大学，2007：98.

执行，校长个人发挥的空间根本不大。"

从上述这些校长对课程开发的理解来看，校长们仍然没有将课程开发看成是自己分内的事情，没有将课程开发看成是一件重要的事情，仍然认为学校的任务就是执行上级确定的课程计划。

许多校长还反映，由于学校长期以来没有选择教科书或开发课程的自主权，所以学校也没有专门的人员或机构来负责课程方面的事情。新课程赋予权利给学校，学校有权开发一些课程，但学校多数教师没有课程开发的意识与能力，老师的压力很大，部分校长也认为课改后教师和学生的负担加重了。还有一部分校长反映每天学校都有安排好的事情要做，没有课程开发设计的时间。

一位接受笔者访谈的贵州的校长说：

"我们学校是贵州较为偏僻的一所中学，校长负责学校的全面工作，烦琐事务实在太多，经常要应付上级部门的各种检查，时时刻刻想着为学校筹集资金、资源等，这些事情就占据了很多时间，校长哪儿有时间去开发课程，事实上他连听课的时间都抽不出来。而教师人数少，每个人都有繁重的教学工作，平时没有时间参与课程开发。"

课程改革是一项非常漫长、非常复杂的系统工程，充满着不稳定性。要想使新课改深入、顺利地开展，校长自身必须拥有较强的课程领导能力。作为学校的"一把手"与"领头羊"的校长，处于学校课程改革的核心地位，其课程领导能力在一定程度上也决定了新课改的效率。

4. 课程改革机构的设立及其运行的困难

实施新课程改革以后，许多学校都成立了校本课程开发机构。据研究者对 212 所学校的调查，92.72％的学校都成立了课改机构或课改指导小组，有的课改机构还下设了几个子机构。虽然它们的课改机构的名称不一样，但这些机构都是校长课程领导力的组织保障，也是课程改革顺利进行的基础。课程机构或相应的工作小组，不仅能为课程的开展提供组织保障，而且它本身也应该成为一个宣传和动员，提供支持和服务，增进交流、对话和理解，增强凝聚力和归属感的组织。

天津的一位校长在自己的博客中写道：

"校长为新课改行动计划领导小组组长，副组长为分管工作副校长、教务处主任，选课指导小组为七位老师。下设学科组、备课组、学科教师三级网络。每项工作，要目标明确、计划明确、步骤明确、责任明确、程序规范，并按程序操作。要对工作流程环节上的问题进行分析和研究，对每项工作都要协调好，环环紧扣，注重过程，抓好细节，善始善终。"[1]

北京的一位校长在博客中写道：

"我们学校也在不断探索课程改革的合作机制。目前，课改工作归学校课程改革领导小组整体负责，具体由教学处、教导处、教务处

---

[1] 王永丽. 校长课程领导力研究[D]. 上海：华东师范大学，2007：25.

来分工完成，努力探索管理部门如何支持课改的方式方法，使课改管理工作进入常规化管理。学校成立必要的管理机构，逐步探索学科主任负责制。另外，导师制在新课改中也发挥重要作用，需要进一步探索。增设学术研讨组，加强扁平管理和部门合作，充分发挥项目负责制的作用。"

笔者访谈的一位浙江校长说：

"我们学校设立了课程改革咨询委员会，校长任该委员会的主任，在校长的直接领导下，以教研室为基础，形成了自上而下的、开放的、各个部门合作的课程改革运行机制。"

虽然课程机构的设立能够在一定程度上保障课程的实施，但调查却显示，其作用的充分发挥却面临着诸多困难。来自安徽的一位校长说：

"在课程改革过程中，如果遇到了一些问题，教务主任就临时召集相关的老师，有重要的问题解决时，校长也参加，但是当需要对一些问题做出决策时，会出现三种情况：一是独断，二是放任，三是民主决策。实际上，校长很想亲自参与课程规划、开发、组织课程的实施与管理，校长的积极性提高、热情高涨。可是校长每天的时间都排得很满，行政上的事务又很多，部分校长在学校还要上课，不可能每次都参加会议。即使参加了会议，课改小组倡导民主协议，有时碍于校长行政上的权威，部分老师有意见也不敢提或者不愿意提出，而校长就误认为课改在很多方面做得很好，以至于很多的问题一直处于搁浅状态。"①

上述情况显示，虽然不少学校设立了课程改革的机构，但课改机构的设置不是目的，最重要的是让这些机构能够真正发挥它的作用。显然，其在运行的过程中，还存在不少问题，校长还是没有把课程改革当作学校的重要事情来抓，校长的行政权威也在一定程度上影响着老师们的行为。

5. 课程制度落实不到位

为了保障课改的有效进行，大部分学校都制订了一系列规章制度。这些制度多是具有可操作性的、具体的、实践性的。学校课程制度的完善，是课程改革顺利进行的前提条件，只有相对完善的课程制度，才能使得课改朝着一个规范化的方向顺利进行。

一位浙江校长在谈到本校的课程制度时说：

"我校建起了一套较为完整的实验规章制度，例如《校长负责制》《课改例会制》《集体备课制》《课改成果评比制》《课改月报制》等。健全的制度保证了各项工作制度化、规范化，使课改的各项工作高效运行。"

北京市某校长为学校的课改也建立了三项领导制度："一是为了促进基于校本教研的教师专业化发展，大力发展科学有效的校本研训

---

① 王永丽. 校长课程领导力研究[D]. 上海：华东师范大学，2007：26.

制度，其以'教师行动学习'为主要校本教研途径；二是构建课堂教学研究和评价制度，以促进教师对课堂教学的反思；三是实施学生学分认定和学业评价办法，完善学业成绩与成长记录相结合的学生综合评价制度。"

虽然在经济发达地区的学校课程制度有所建立和完善，但据调查统计，在一些经济不够发达的地区，如安徽、辽宁、福建地区的农村学校，虽然这些学校也作为教育部制定的课改实验样本学校，但由于各种原因，课改的实施进展缓慢，其各种制度、措施相对于发达地区也还较为落后。

笔者访谈了一位经常到甘肃调研的教授，据他了解，甘肃农村学校的很多校长和老师都无奈地表示：

"校长和教师们在推进新课程改革的过程中，感到迷茫、无奈、担心、彷徨。他们非常担心课改会影响高考的成绩，影响社会对学校的认可。校长和教师都认为国家课改的理念、总体思路是好的，但是我们还是要从本校的实际情况出发，毕竟学校的升学率是社会和家长最为关心的问题，学校要生存的，课程制度和课程体系的构建在条件成熟的情况下我们也会考虑，但目前尚存在困难，即使制订出来的，也不一定去真正地实践。"

虽然我国东中西部地区教育水平差异很大，但每个学校都应该根据自己的实际情况，制订相应的课程改革制度，以推动课程改革的顺利进行，让学生真正从课程开发和实施中受益。但是，任何时期的课程改革不仅需要完善的课程制度，而且还需要将这些制度有效地贯彻和落到实处。

(四)课程质量评价方法简单化

有效的课程评价是保障课程实施质量的重要机制。新课程评价重视综合、关注差异，突出评价指标多元化、评价取向多元化。但在许多学校，仍是以考试分数论英雄，简单地以考分来评价学生的学和教师的教，导致学生课业负担过重的现象仍然得不到有效缓解。同时，根据笔者的观察，发现各个学校的监督评价更多的是关注对学生的评估，有的学校虽然也形成了一定的制度体系对教师进行评估，并且把课改与教师的专业发展和个人成长结合在一起，但是对课程本身的评估则相对薄弱，这与校长的课程评价倾向密切相关。

1. 课程评价重"督"轻"导"

现在，仍有一些校长受传统观念的影响，仍然把"领导"当"管理"，重视课程评价的监督作用，而忽视课程评价的引导作用，甚至未曾意识到"引导"二字。除了受传统管理模式的影响，现代的课程评价方法也是导致校长课程评价重"督"轻"导"的原因之一。现代的课程评价方法通常包括量化评价方法与质性评价方法。但在大数据时代背景下，数字扮演着越来越重要的角色，尤其是评价教师。量化评价方法，就是力图把复杂的教育现象和课程现象简化为数量，进而从数量的分析与比较中推断某一评价对象的成效。[①] 该评价方法强调评价者在整个评价过程中要始终保持价值中立态度，不参带任何个人感情色彩。尽管如此，即使校长能在整个课程评价过程中坚守中立立场，但

---

① 和学新. 课程评价制度创新与基础教育课程改革[M]. 教育研究，2004(7).

正是基于这一重视结果的方法，往往令校长在进行课程评价的过程中，常常急于达到预设目标，而忽略了引导，同时将监督管理视为实现目标的法宝。这种重"督"轻"导"的领导观和领导方式背离了"人本发展"理念，不利于学校的长远发展。

2. **课程评价的向度失衡**

帕里斯（Paris，S. G.）和艾尔斯（Ayres，L. R.）认为：革新的课程评价需要考虑五个基本问题，即课程设计、课程计划、教师落实与环境、学生学习与其他课程结果。也就是说，课程评价的对象不仅包含编制的课程，而且包含实践课程。不仅如此，黄显华等学者在探讨课程领导者在课程评价中的作用时，也尝试着从对学生的评价、教师的评价、课程本身的评价三个方面进行了阐述。但校长在领导课程评价时，高度聚焦"教"与"学"这两个向度，而对课程本身的品质和成员的满意度却相对忽视。[①] 也就是说，在教学实践中，校长们并没有很好地把握好课程评价的几个向度之间的平衡。实践中的校长所领导的课程评价多限于对课程实施成效的评价，以终结性和甄别性评价为主，过分聚焦学生的学习结果和教师的教学成效，重在考查学生是否达到预设标准，是否掌握既定知识，是否到达相应程度，并以此区别出学生的高低优劣，而极少涉及关注课程的其他方面。

3. **课程评价领导角色缺失**

课程评价与课程目标、课程实施、课程功能密切相关。一方面，评价体系的建构受制于目标，课程目标决定课程评价的标准；另一方面，课程评价的结果反作用于课程发展的其他向度，影响课程目标的

---

① 陈明宏. 校长课程领导的研究[D]. 上海：华东师范大学，2007：142.

达成，影响课程功能的发展。有鉴于此，学者龙继红认为：校长应是课程评价的指南针。原因有二：一是校长根据国家的课程目标，正确设定评价标准，这是定向；二是校长运用评价这个手段来调适不正确的、偏离课程目标的实施行为，这是校正。遗憾的是，校长们对自己在课程评价中应扮演的"指南针"角色体味不深、践履不到位。

一位校长这样说：

"新课改倡导'立足过程、促进发展'的评价理念，校长要努力将课程评价引导到'注重发展评价、注重综合评价、注重过程评价、注重多元评价'的轨道上来。这里，我们遇到了一对矛盾。一方面，校长作为课程评价的领导者，理论上应该按照国家的课程要求，依据本校实际，为每一种新课程制订一份完善的评价方案，并在课程评价实施过程中不断完善该评价方案；另一方面，好像又用不着如此费力费时地去评价课程，因为考试分数在一定程度上是评价课程的标准，并且是公认的、很有分量的标准，其他再科学、合理的评价标准也未必如此得到各界的认同。所以，只要有应试的存在，有分数的制约，校长在课程评价领导中的角色就很难真正落实。"

另外，校长在课程评价方面也没有调动教师参与课程评价的积极性。实际上，教师参与课程评价的情况还是不容乐观的。有学者在一项调查中通过访谈的形式了解情况，访谈中有这样一个问题："您参与过校本课程的规划、实施与评价吗?"参与访谈的 8 位教师，只有 4 位说参与过，当问及"怎样参与的"，他们都说：

"通过教研会，与学科代表老师、教研主任，还有其他领导在一起进行讨论如何开发校本课程，或者评价校本课程的优缺点。"

一位老师在接受访谈时说：

"评价时，只是根据我们在实施校本课程时，观察学生在课上对它的反映情况，我们教师使用它时，是否得心应手等，然后把这些情况在教研会上反映一下，大家在一起讨论看看下一步怎么办。在好多情况下，这种形式的评价并没有解决实质性的问题。"

还有另外三位老师都谈道：

"校本课程评价的形式，就是大家在一起座谈，自己认为校本课程有问题，就在会上反映出来，并没有制订什么评价方案，根据什么评价模式，写什么评价报告的，可能是我们的随意性比较大。"

其他四位没有参与校本课程评价的老师反映道：

"学校开发出来课程以后就没有评价，然后就开始实行，有些课程设计并不合理，我们老师在使用中遇到很大困难，占去了不少课时，但收效甚微，反而加重了学生的负担。但学校要求要使用，我们也不得已用。""比如像我们学校开发的'讲学稿'，是从一个优秀学校学到的经验，但是这个方式并不适合我们这个学校，老师在使用时都发现限制了我们教学的思维，可是学校要求老师必须按照这个进行教学，如果不这样，还认为我们老师跟不上形势，与学校作对呢。学校也不去调查一下老师和同学，开发出来的东西存在哪些问题。"

还有一些老师反映，即使学校进行了校本课程的评价，教师参与的形式也过于简单，只是以会议的形式进行交流，其他如反省札记、观察表、问卷、访谈大纲都没有好好使用，而且信度和效度都有待商榷。还有的学校仿照"名校"开发的校本课程，就认为是好的，不去组织教师参与评价，而是硬性实施校本课程，这一点是十分令人担忧的。总的来说，已经有教师参与的校本课程评价，还有很多需要改善的地方，没有教师参与评价的校本课程是属于不完整的课程，那么当务之急就是发动学校教师的参与。①

从以上调查的情况来看，教师参与课程领导的积极性还是没有被完全激发。在课程领导中，多数校长仍然是"孤独的领导者"。要改变这种状况，就必须调动教师参与课程改革的积极性，使他们成为课程领导的同行者，这既是教师个人发展的需要，也是学校课程改革的需要。

上述现象说明了校长对课程评价的功能及重要性理解不深，认识表浅，物蔽了其领导角色。理由有二：其一，他割裂了课程评价与课程目标与内容、设计与开发、组织与实施之间的关系。实际上，课程评价与课程目标与内容、设计与开发、组织与实施之间相辅相成，休戚相关。后者决定前者，后者是否科学、切适、有效，依赖前者的反馈；前者基于后者，前者的结果又为后者提供改进的依据，它们之间

---

① 张瑞．教师参与课程评价的研究[D]．郑州：河南大学，2008(05)．

以校长的领导为协调，如此循环往复，以至尽美。其二，评价不等于考试，考试只是评价的手段之一。校长领导课程评价不止于实施评价的手段，还要确定评价原则、设计评价方案、建立评价机制等，切不可以某一种盛行的评价手段来取代评价的其他方面，从而造成校长课程评价领导角色的缺失或"不在场"。[①]

4. 对教师的评价与课改理念相悖

由于高考的压力，许多校长并没有把校本课程的开发与学生的发展放在第一位，校长思考得更多的是通过怎样的机制引导教师把更多的时间、精力放在提高学生的考分上。升学率仍然是上级教育部门和校长作为衡量教师专业发展的重要标志。多数学校仍然把教师课程理念的更新、钻研业务的重点、教学行动的反思等教师专业发展所必须"进修"、提升的内容看成是一种"摆设"，许多教师在课程教学过程中仍然是"老一套"。

高素质的教师是有效实施课程的基础和关键。如何让教师围绕增强课程意识、更新专业知识、优化知识结构、转换教学角色、改变教学方法等有目的地谋划自我的专业发展，是校长必须认真思考和认真对待的问题。

(五)校长缺乏课程领导的同行者

在人们的传统观念里，一所学校的校长是"全能"的领导，学校所有的决策、行政管理和领导职责都集中于校长，校长在复杂的课程变革中履行"全权领导"的职责。而作为课程执行者的教师则成了课程领

---

① 陈明宏. 校长课程领导的研究[D]. 上海：华东师范大学，2007：140.

导的陌路人，学生更是无权参与课程领导，家长也置身于学校的课程改革之外。学校的课程改革俨然成了校长的"家务事"。因而，校长成了"孤独的课程领导者"。这种观念凸显了校长课程领导力的不足。据调查，校长并未调动或完全调动教师参与课改的积极性，校长还是把学校所有的决策、管理都"独揽"一身，导致教师参与课程的积极性不高，游离于课程领导之外，校长的课程领导变得形单影只。以下是访谈校长的录音文字：

　　"课程领导还是校长比较合适，老师没有那个权力，指挥不动人。老师只能作为课程改革的实施者和发展者。比如说我们的校本课程，我提一个提纲和想法，然后老师引申扩展。""校长应该是课程领导者，如果是一线教师则很难开展，而且新课程改革与教师的考核并无挂钩，并且老师参与课程改革的积极性不高。"[①]

　　从以上访谈我们可以看到，两位校长都认为课程领导者应该是校长而不是教师，教师似乎不能充当课程领导者，而教师积极主动地参与课程改革的热情也不高。校长们也忽略了培养教师课程领导的意识，没有挖掘出教师积极性缺乏背后的真正原因。

　　笔者以为，校长课程领导的主体不仅仅是校长一个人，而应该是一个课程领导的共同体，是一个以校长为核心而组成的一个课程革新团队。其主要成员有教师、学生、家长、社区人士等。校长课程领导的核心作用在于创建一个使团队每一个成员尽心竭力地为课程变革成

---

　　①　曹爱琴. 高中校长课程领导研究[D]. 兰州：西北师范大学，2009：43.

功而努力的良好的氛围。实际上，课程领导应该是一种持续变化、充满活力的互动过程，也是课程领导者和教师在校内围绕课程问题的互动过程，其间既关注教师和课程领导者的专业参与、决策和发展，也关注学校的情境因素对于教师与课程领导者的影响。因此，学校的课程领导不再是校长一个人的事情，校长需要课程改革的同行者，同时，教师和学校的其他职工都有权利和义务参与课程领导。所以，校长要在争取更多的课程改革支持者和同行者方面有所作为。

(六)忙于校务而疏离课程领导

校长的职责应该是对学校的工作进行统筹规划，将学校的岗位责任进行合理分配，从而使自己能够集中精力"抓大放小""抓主放次"、统筹调配、优化管理。然而，由于校长本人素质和能力的局限，或是由于部分外来因素的干扰，在学校的管理工作中常出现分工不对路、职责不明晰、岗位能力有限等现象。校长变成了学校的"管家婆"，大大小小的事情都要找校长，其结果是校长什么都管，什么也都没管好。

一位接受访谈的校长说：

"一般来说，校长每天能够把八分之一的时间放在教学上就不错了。我本身是从教师升任至校长的，做教师的时候就一直在想，怎么校长就不重视教学呢？到我当校长的时候我一定要怎样怎样。可现在的感觉是：精力确实达不到。当个人精力达不到的时候，我就想要从财力上去支持教学，但真正能亲自参与到当中去的时间真的是很少。"

另据张文对四位校长的访谈，我们可以发现校长的日常工作内容非常相似，他们每天所从事的日常工作主要是：

①巡视学校，目的是检查学校的卫生、安全及人员到位情况。②参加校内外各种会议，像校内的教代会，工会，各年级、教研组、党支部等举行的会议，上级主管部门召开的会议，与兄弟学校交流、与学校建设有关的一些单位洽谈会等。有的时候一周能开四五个会。③接待有关部门来员，包括上级主管部门人员、学生家长的来访，公安、物价、工商、审计等不同的部门也要由校长来应付。④与学校成员交流沟通，安排下属工作，对学校重大活动进行决策、授权，对学校各种资源进行分配等。⑤进入班级听课，参加教研组活动。⑥阅读文件、学习材料等。①

通过校长的日常工作，我们可以得出以下结论。

（1）对日常事务的管理仍然是校长工作的重点。在以往中央集权的课程管理体制下，校长的职责就是执行上级命令，把学校的一些日常性事务处理好，不出乱子。

（2）校长对课程的领导职能没有得到充分的显现。在校长所从事的日常工作中，能体现出校长课程领导职能的活动很少，听课、评课是校长所进行的为数不多的与课程实施有关的工作，但在很多情况下，这一工作也无法很好地落实。

校长掌管校务，事务繁忙，无论学校大大小小的事，校长都要负

---

① 张文．校长课程领导之研究[D]．济南：山东师范大学，2006：14.

监督之责，在有限的时间下，校长总是优先处理即时、突发的紧急情况，而课程并不是那么紧急，因此，校长常疏于履行课程领导的责任。并且，校长过去习惯了以事务性管理为工作中心进行行政领导，而且行政领导的工作又有一系列的指标来考核，考核成绩直接反映校长的工作成绩，校长当然会特别用心。因此，校长要想实现从行政领导转向课程领导并非易事，在现实的学校生活中就表现为校长课程领导职能的缺失。①

虽然很多校长都是出身于优秀教师，但在担任校长之后，往往行政事务繁忙，没有专门的时间来关注课程教学。当然，课程本身是一项需要长期投入的复杂的工作，它需要校长、教师等共同努力来制订课程目标，整合课程资源，开发新课程，并克服各种困难实施新课程。这些活动都需要校长花很多时间积极投入。但是在现实中，校长的工作千头万绪，每天似乎很难有一段较长的时间专注于一事，而且外务也多，有时还不得不执行教育行政部门的委办事项。在校内外业务的压力下，校长能用于学校课程发展、听课、评课、参加专业研讨活动的时间的确有限。久而久之，这些校长沦为"技术型"和"人际型"的学校领导者也就成了必然的事情了。同时，校长们的"行政权威"也随之被强化，而他们的"专业权威"却在逐渐丧失，从而也越来越难以对教师进行课程方面的指导。与此同时，学校师生员工也越来越不把校长当作课程的领导者。因而，他们在学校的课程与教学方面的话语权也变得越来越弱了。

诸多理论研究证明，教育革新的成功与否与校长的作用关系密

---

① 张文. 校长课程领导之研究[D]. 济南：山东师范大学，2006：14.

切。如沃伦所言："学校的教育革新实施之际，起关键作用的是校长。受校长支持的和教师理解的教育革新，远比不支持、不理解的教育革新容易实施"。① 校长脱离了对课程与教学的最切身的感受，便削弱了自己对课程与教学的发言权，在课程改革过程中，又何敢奢求校长对改革给予判断和支持呢？这种状况正如费孝通所言："对游戏本身一无所知，就不能理解游戏的规则。"②

二、影响校长课程领导力发挥及提升的原因分析

在学校的课程改革过程中，校长承受着来自上上下下各方面的压力，其中主要有上级教育行政部门、家长和学生对升学的多重期望，也有来自课程改革的风险与压力。面对学校课程改革中复杂多变的内外部环境，校长的课程领导力的发挥和提升受到越来越多因素的影响。所以，我们就从校长自身的内部因素、学校的中部因素、社会的外部因素这三个方面来系统分析它们是如何影响校长课程领导力的。

(一)校长自身的原因

校长作为学校教育的第一承载者，是学校教育的领导者和组织者，是教育思想的践行者。因此，校长的价值观、教育观、学生观、质量观对学校的发展方向会产生很大的影响。③ 校长课程领导力的不足，首先是因为校长缺乏课程领导的责任意识，没有充分认识到自己

---

① 钟启泉. 从"行政权威"走向"专业权威"——"课程领导"的困惑与课题参与[J]. 教育发展研究，2006(4A).

② 费孝通. 江村经济[M]. 戴克景，译. 北京：商务印书馆，2001：154.

③ [加]迈克尔·富兰. 变革的力量——透视教育的改革[M]. 中央教育科学研究所，译. 北京：教育科学出版社，2004：33.

作为课程领导者的责任。三级课程管理充分尊重和满足学校的独特性和差异性，扩大学校在课程设置上的自主权，使学校可以因地制宜地进行课程创新。校长应该充分发挥其课程领导的职能，带领学校全体成员根据学校的培养目标和现有的课程资源，提高国家课程和地方课程对本校学生的适应性，并开发出具有本校特色的校本课程。

但在实际的学校管理工作中，许多中小学校长是将学校课程发展作为行政工作来处理的，扮演的仍是被动地执行上级教育行政部门的课程计划的角色，而且他们对这种执行者的角色已经习以为常了。也正因为如此，在国家和地方教育行政机构提倡课程权力下放、鼓励研发和实施校本课程的今天，我们的校长反而由于受制于传统的行政领导角色和课程知识的缺乏而无所适从，不知道自己在课程改革中应该做些什么、怎么去做，寄希望于上级教育部门提供详细的、具有很强操作性的指导。

1. 校长课程领导的"知性"不足①

（1）课程改革的价值引导能力欠缺

课程领导力应作为校长的首要领导能力，这不仅是时代的需要，更是由学校教育的特殊功能和校长这个特殊职业的性质所决定的。课程领导是以校长为代表的行政首长在学校课程开发建设的过程中对教师的引领、导向和指导。它首先体现为课程价值思想的引导，校长要率领学校教师朝着有利于学生可持续发展的方向进行课程改革和课程建设。上海某中学校长程红兵认为，关注价值思想是校长领导课程建设的首要任务。一个学校以什么为重，以什么为轻；以什么为主，以

---

① 王永丽. 校长的课程领导力研究[D]. 上海：华东师范大学，2009.

什么为次，这些价值判断直接决定了这个学校的发展走向。价值思想是一个学校组织文化的核心所在，作为一校之长，必须为学校定调，就像乐队的指挥必须首先给乐队定调，然后用这样的价值思想去引导、组织、管理、评价课程改革、课程建设，影响整个团队，去弹奏一曲课程改革的和谐交响乐。①

在长期的课程与教学实践中，个体或群体形成了稳定的价值体系，有鲜明的价值理想与选择标准。学校课程领导需要学校成员形成对学校课程、学校成员的人际交流和工作方式等的看法，形成一套不同于学校课程管理的价值体系，有着独特的价值选择和价值标准。但从实际情况来看，不少学校还没有形成一套完善的、大家都能接受的价值体系。所以，要求校长在课程改革中，必须要具有价值识别、价值引导能力、价值辩护能力、价值整合能力、价值实践能力。优秀的校长都能够善于把价值领导作为一种重要的领导方式，在日常教学管理中自觉不自觉地运用价值领导艺术，具备一定的价值领导能力。②

校长之所以在课程价值领导能力上存在欠缺和不足，主要还是受到传统的教育管理方式的深刻影响。传统的教育观念、课程理念、管理方式等都在一定的程度上使校长的思维方式形成了一定的习惯和定式。这种习惯和定式使得校长沿着既定的轨道前行，而一旦遇到了内外界不寻常的变化，校长的思维就应该快速地转换，积极应对。然而，但学校教育的实践中，这个转换的过程是漫长的，是有阻力的。我国实行课改以后，学校校长、教师、学生的角色都发生了相应的变化，所以，校长就必须摆脱思维定式，从社会现实需要出发，从学校

---

① 马砚.课程领导力校长的核心力[J].上海教育，2007(11).

② 石中英.谈校长的价值领导力[J].中小学管理，2007(7).

现有的资源出发，从教师的实际出发，从学生的现实需要出发，通过自我学习、积极参加相关的培训和实践探索等方式，提高自己的课程知性能力。

目前，我国还有相当多的校长的课程价值领导能力还不足以应对时代的挑战，不能很好地满足课程改革的需要。因而，今天的校长应该比以往任何时候都要更积极、更主动地通过各种途径来增强自身的价值领导意识，提高价值领导能力，从思想上来领导学校课程的改革，促进教育改革目标的完成。

(2)课程领导的专业知识培训不够

要想成为一名合格的课程领导者，校长必须具备课程的开发、设计、实施和评价方面的专业知识。但在强调技术理性的校长培训的过程中，却很少将课程的专业知识纳入其中，并且过去校长的行政工作偏重于行政组织与人力的调整与配置，与课程发展相关的知识和内容在校长的培训过程中也未受到应有的重视。因此，校长在课程发展方面的专业知识不足是显而易见的。

虽然我们的教育行政部门已经认识到了校长培训的重要性，给校长培训也拨付了大量经费，许多校长也接受了相应的培训，但从培训的效果来看，还不能令广大校长们十分满意。许多培训在开始之前并没有对校长们进行深入细致的调查研究，培训的组织者也不知道校长需要什么样的培训内容、什么样的培训形式；培训的专家也不了解校长们的实际需求，大多数培训者对中小学的实际情况也不甚了解。所以，他们在校长培训中也不能够对症下药，那么，这样的培训效果也就可想而知了。

(3)用于课程领导的时间不足

校长应对学校工作统筹规划，将学校的岗位责任进行合理分配，从而使校长能集中精力"抓大放小""抓主放次"、统筹调配、优化管理。然而，由于校长本人的素质和能力的局限，或部分外来因素的干扰，他们在学校管理中常出现分工不对路、职责不明晰、任何问题都找校长的现象，致使校长在学校工作中用于课程领导的时间实在有限。

笔者认为，时间对每一位校长都是一样的，时间够不够用，关键还是看校长个人的时间管理能力的高低。如果从主观上认为课程教学是学校最重要的事情，那么，自然也就会放下他认为相对不太重要的事情，而把更多的时间放在课程知识和能力的增加与提升上面。无能校长的时间管理无序，他们在处理校务的时候"眉毛胡子一把抓"，结果什么也做不好。所以，还是要从思想上加强对课程领导问题的重视，这是搞好课程改革的前提条件。

2. 校长课程领导力的"行性"不强

校长的课程"行性"能力就是把课程政策推向实施、实现政策目标的能力，包括课程政策具体化的能力与创新能力。在课程改革中，影响校长课程领导"行性"的原因既有校长的工作时间和精力的限制，也有传统课程管理下校长角色与现实冲突的困境，也有部分地区校长的"频繁"更替，以及校长间的"传承"等，特别是校长扭曲的"政绩观"。在此，笔者仅就校长的时间、精力及传统课程管理下校长角色与现实中的困境做重点分析。

实际上，中学校长每天的工作都很烦杂，既有学校内部日常的行政性事务，如各种文件的处理、制度的审批和各项教学任务的下达、布置、总结、检查，也有来自学校外部的事务，包括出席上级教育行政机关的各种会议、传达上级的会议指示精神、接待上级教育部门的检查和同行学校的教育考察等，而课程工作只是学校诸多事务中的一项重要的工作。校长的时间、精力有限，不可能顾及课改中的每一项细节工作。要在这些纷繁复杂的行政性事务中静下心来努力研究课改，积极部署各项相关的工作，思考课改中的问题，加强对课改中出现问题的反思与行动，实属不易。

传统的课程管理实行的是中央集权式的自上而下的策略，即课程权力集中在上级教育行政机构手中，由他们做出课程决策，然后以行政命令的形式传递给学校，要求学校执行。在这种情况下，学校是一种外控式的组织，没有自主决策权，只能无条件地服从上级管理机构以规章制度等形式规定好的职责。校长在这其中的作用只能是外在目标、任务的守望者和资源的管理者，教师的角色只能是课程政策的消费者和执行者，校长和教师之间的关系是权力—服从的关系，教师也无权参与学校管理。

而实行新课程改革之后，校长必须由课程管理走向课程领导。传统的校长角色已经不能满足甚至阻碍了教育和课程的发展，因此，校长的角色转换已经成为必然的趋势。校长要善于"顺势、造势、导势"。校长在课程改革中必须成为倡导者、响应者和领导者，既要强调课改的重要性，重视学校长期目标和学校发展规划的建构，又要维持好与教师的关系，倾听、满足教师的需求，同时还要重视具体任务的落实，将具体任务和例行化的工作程序规定得清清楚楚，参与学校课堂教学，了解一线情况，给予教师参与课改的机会，并发挥和增强教师的专业能力。

3. 校长自身的心理因素对课程领导力的影响

改革是指改掉旧事物，用不确定的或者是模糊的东西代替现在已经有的东西，也就是说，个体所面对的是未来并不确定的事物。所以，变革通常带给个体的是不安全感。在课程改革的过程中，必然要求学校通过变革现有的事物达到课程改革的目的，自然而然地，学校中的每个人的思想、观念、行为方式等各个方面都会发生变化。因此，一个即使过去优秀的校长也可能在改革面前产生危机感，这种危机感也会蔓延到教职工身上，使他们产生焦虑和不安。那么，这种不安全感极其容易成为学校课程改革的阻力，就像一位学者所说，"缺乏安全感的教师、家长与管理者的反应，多半是尽其所能地牢牢坚持他们所熟悉的东西，或者是对一些具有过去学校特征的、曾经被实验证明了的是正确基本原理的回归。"①

课程改革是一个具有风险的而且不是立竿见影的过程，如果哪个方面出现了意想不到的问题，就可能会影响到学校已经取得的成绩。所以，面对课程改革，有些校长就会产生畏难情绪，对课程改革不积极、不主动，走一步看一步，做出维持现状的选择。而这种心理在一定程度上制约了校长课程领导力的发挥。

(二)教师和家长对校长课程领导力的影响

1. 教师对校长课程领导力发挥的制约

(1)教师的课程意识淡薄

施瓦布(Schwab，J. J.)在其实践的课程范式视野中，明确提出"教师即课程"的经典命题。"教师即课程"指教师不是孤立于课程之外，而是课程的有机构成部分，是课程的创造者、课程的主体。这与

---

① ［美］马克·汉森. 教育管理与组织行为［M］. 冯大鸣，等译. 上海：上海教育出版社，1993：323.

传统的目标模式根本不同。在目标模式中，课程按规定的目标编写，教师按固定的目标来实施课程，因而教师被目标所控制，教师被排斥于课程之外，缺失课程意识与主体性，只能奴性地在课程目标之后亦步亦趋。[①] 而在新课改实施过程中，教师的角色发生了根本的变化，教师作为课改实施的主体，必须具有课程领导意识。课程领导不只限于校长一人，校长的课程领导有赖于教师主体作用的发挥。因此，校长要培育教师的课程领导意识，唤醒教师的课程意识，真正赋权于教师，这样教师才能积极主动地参与课程改革。

（2）教师的课程理念滞后

不少研究者的调查显示，教师观念的转变是校长课程领导中最大的困难。教师是课改的主力军，课改的成功需要教师具有课程改革意识、能力和热情。但教师们的传统课程观念根深蒂固，且难以改变。他们习惯了过去的教学内容及方法，加上自身的教学能力等问题，课程改革让教师们觉得不知所措，难以胜任。新课改提倡的"自主、合作、探究"的教学方式也流于形式。新课改是一个持续的动态过程，改变教师的观念也非一朝一夕。所以，教师传统的课程理念是影响校长课程领导力的重要原因之一。

（3）教师参与课程改革的意愿不足

任何课程改革都涉及教师的专业发展和利益分配的问题，新课程改革并非是在既往课程安排基础上的修修补补。对处于弱势地位但精力和体力已普遍透支的教师而言，课程改革的挑战可谓巨大。根据校长们的反映，参与课程改革后，教师的负担和压力增大，教师有三

---

① 张华，石伟平，马庆发．课程流派研究［M］．济南：山东教育出版社，2000：236.

苦：备课难度大——艰苦；精神压力大——痛苦；体力消耗大——辛苦。教师们普遍觉得肩上的担子越来越重，压力越来越大，身体越来越累。有的教师对新课程改革的信心不足，认为自身所具有的知识有限，只有当自身的专业素质提升以后才能胜任课程改革的工作；还有的教师认为，本来的教学任务已经很繁重了，根本无暇顾及课程改革的工作，觉得课程改革似乎离自己很遥远；还有些教师虽然在理念上认为新课程改革是很有必要，也是合理的，但是面对巨大的升学压力，谁也不敢在课程方面贸然行事，即使给予教师一定的课程权力，也有更多的教师不愿承担相应的责任。

新课程改革对教师把握课程内容和教学方法来说具有较大的挑战，但对教师的评价体系、激励机制却较为滞后。所以，在教师当中，以显性或隐性方式抗拒课程改革者不在少数，对课程改革进行抱怨的教师也不罕见。面对如此的学校环境，校长在扮演"政委"角色时，必将耗费许多时间。

2. 家长对校长课程领导力的影响

随着教育民主化与开放程度的不断加强，家长作为利益相关者的角色意识也越来越强，对学校的课程与教学方面的期望和要求也随之日渐增多。如果家长具备一定的文化知识和正确的教育观念，能够尊师重道，并有能力对学校的课程和教学提出建设性的意见，则这些家长的力量则可成为一种学校发展的助力。但并非所有家长均具有相应的文化水平和正确的观念，他们所提出的一些意见和要求也有可能不利于甚至还会阻碍学校进行课程改革。①

---

① 余进利. 校长课程领导：角色、困境与展望[J]. 课程·教材·教法，2004(6)：10.

实际上，对学校课程如何改革，很多家长并不真正关心，他们所关心的、所能直接看到的就是孩子的成绩、名次，因为这将决定孩子的前途和命运。他们最终衡量所谓课程改革成败的标准也只能是孩子的考试成绩了。一些实验学校虽然费了"九牛二虎之力"开设了"校本课程"，却招致家长的不解、质疑乃至责难："这些课程与升学考试有多大关联，会不会影响到主科的教学？""按照你的新课程实验，升学考试时会不会另来一套？孩子考不上学怎么办？"在这些家长的眼里，学校课程内容能否促进学生素质的持续提升，已经显得不那么重要，至关重要的是学生能否取得"应试"成功。这些家长也可能成为学校中抗拒改革的教师拉拢的对象，使校长在推动课程改革的过程中处境两难，更增加了校长要扮演"教育者"的机会。

某实验学校校长在被问及"新课程实施中的最大困难是什么"时谈道①："家长最关心这批孩子中考时能否成功，这关系到以后实验区的发展，课改的发展。……如果抛开中考，真正按照课程目标发展，真是有利于学生的发展。现在的社会……但实际是，不能忽视双基，否则会把学校搞垮。"这正是校长最为担心的地方，新课程由于注重对情感、态度、价值观、实践能力的培养，重视学生综合素质的提高，基础知识学习和训练的时间就会相对减少。虽然校长平时可以在本校范围内切实落实课程改革，但一旦因此而导致学生成绩上不去的话，他们就会受到方方面面的指责和批评，包括学生、家长、社会、教师，甚至上级行政部门。在这种情况下，即使校长清楚新课程的先进理念，他也会在实施过程中有所顾忌，有所保留。

---

① 马延伟，马云鹏.课程改革实施中校长角色的转变——对当前课程改革的一点思考[J].课程·教材·教法，2003(1).

(三)学校之间的"同质化竞争"

目前，我国的中小学教育仍然被应试教育所"笼罩"，特别是某些地方政府、教育行政机构以及家长对高考升学率、高考状元的追求，使得校长们也十分功利。他们不得不抛弃新课程理念，甚至不顾教育的法律法规，违背教育教学规律和学生成长规律，一切围绕提高学生的考分转，"一切为了学生，为了学生的一切""轻负担，高质量"等成了校长开会讲话时高喊的口号，也成了向领导汇报工作成绩时的标签。这不仅导致学校办学缺乏个性，缺乏真正意义上的办学特色，也使得校长把提升自己的课程领导力的问题完全置于脑后。

正是这种课程领导同行者的缺乏，导致校长在推行课程改革时遇到的来自学校内部和外部的阻力增大。这种阻力的增大导致校长更加强化传统强制式的课程管理思想。而在新课程改革的背景下，领导的含义已经发生了变化。Knafmna指出，在传统的学校领导模式中，由于效能不断降低，因此，"一种共享的、分散的领导逐渐成为一种需要。"[①]校长的课程领导需要教师、家长们的合力支持，单打独斗式的管理或者领导已经不适应学校课程发展的需要了。

(四)教育行政部门对校长课程领导力的影响

1. 教育行政部门管理"过度"

虽然我国中小学现在已经实行了三级课程管理体制，但受多年的高度集权的"外控管理"的模式的影响，各级教育行政部门已经习惯了

---

① Kaufuman，M(afll，2002). *Curriculum，Teaching and leadship，Education leadship—What Schools Need Now*[M]. Alinceao，pp. 1-12.

"自上而下"的课程管理模式，相对缺少"权责分享"和"当事人第一"的意识①。按照习惯的"外控管理"的思维方式，学校课程管理权力的增多，势必会弱化上级教育行政部门的权力。而在课程改革的过程中，想让上级教育行政部门真正放心"赋权"于学校、分权于校长则是一件比较困难的事。

（1）教育行政部门急功近利，追求表面绩效

毋庸置疑，教育改革的落实往往体现在班级的改变上。在传统班级结构很独立的学校组织里，改革的实施是很困难的。教育的改革是一个再社会化的历程，需要若干年的时间。变革型的课程领导也强调要从组织文化的层面入手，成效不可能立竿见影。可教育的"慢性子"（周期长）却偏偏无法摆脱教育行政部门个别人急功近利心态的纠缠，对学校搞分数排名似乎成了管理的唯一途径，一连串的到访、考评也常常弄得全校如临大敌、手忙脚乱，甚至不惜以作假应付，使教育成了牺牲的祭品。作为校长，见到自己学校的教师已经疲于奔命，若再要求落实课程发展的工作，似乎总有些于心不忍。在此种情形下，校长的课程领导可能只停留在"人际领导"的阶段。②

（2）教育行政部门对学校教育教学干涉过多

首先，国家课程实际所占的比例过大。本次课程改革明确规定了国家课程、地方课程、学校课程的比例（国家课程为 80％～84％，地方课程和学校课程为 16％～20％），但在实际执行中，国家课程在中小学课程表中所占的比例过大，课时安排较满，大都超过了规定的比

---

① 张相学．学校课程管理：赋权后的困惑与抉择[J]．教育科学研究，2005(11)．

② 余进利．校长课程领导：角色、困境与展望[J]．课程·教材·教法，2004(6)：10．

例。为了确保国家课程的有效实施，学校只好疲于应付，以至于没有多大课程开发的空间，校长的课程领导也就在很大程度上无从发挥。

一位校长抱怨道：

"感觉想按照自己的一些想法去实施学校的发展不太容易。我们校长之间也经常交流，现在我们教育的整个的这个大氛围我们是不能改变的。一是教育局在管理上还是比较细的，多少对学校还是有些限制，干预的还比较多，再就是社会上方方面面的压力。"

在新课程改革实施过程中，一些教育行政部门总是担心校长和教师的课程能力不能适应课改的需要，难以实现课程改革的目标，所以就把课程规范做得非常细，以使校长和教师按照操作规定的一步一步去做就是了。教育行政部门过于细化的课程规程实际上是剥夺了校长的课程领导权力，压制了教师主动参与课程改革的热情，使校长和教师们都不得不扮演课程的忠实"执行者"的角色，特别是使校长的课程领导徒有虚名。

其次，地方教育行政部门的课程管理仍停留在对学校的控制和监督的层面。我国地方教育行政部门长期以来一直作为中央教育行政部门的延伸存在，它其实代表国家行使课程管理的权力，其课程管理的任务集中于控制和监督学校的课程实施过程，课程管理目标体现在对学校实施结果的评价上。我国基础教育课程改革要求地方在课程管理中既要严格执行国家课程标准，又要制订适合本地社会、经济发展实际和需要的地方课程。地方课程管理的准确定位应该是："地方课程管理的最高形态——服务，表现在对地方和学校的指导和帮助；地方课程管理的最高境界——鼓励创新，让课程的管理制度更加人性化，成为地方、学校和教师实现自由、追求创新的保证。"①但是，由于传统积弊影响太深，许多地方教育行政部门不能对自己的角色和地位有正确、清醒的判断和认识。同时，地方教育行政部门对学校的指令多，而有针对性的业务指导却较少。

很多地方教育行政部门，"该管的管，不该管的也管"，使得学校的权限旁落。例如，选用教材的权力被本该是负选用"指导"之责的教育行政部门用"指令"剥夺，按照什么长官意旨增设显性的"计划外课程"，竞赛、检查、评比之类的隐性"计划外课程"也是源源不断。② 还有一些地方教育行政部门对于课程目标、实施、评价等都逐一做了统一规定，并制订了具体的操作细则，把这些规定和操作细则以管理者的身份强令学校执行。这一切都表明，地方教育行政部门对学校的课程管理仍停留在对学校的控制和监督上面，而不是放权给学校和教师。

2. 对校长的评价制度不合理

(1)校长的选拔机制问题

虽然我国的相关法律明确规定，普通中小学的领导体制是"校长负责制"，校长由教职工(代表)大会选举产生，但实际上现在中小学校长的选拔普遍是任命制(或先任命后选举)。这种任命制虽然发挥过一定的作用，但在 21 世纪的今天，这种任命方式已经暴露出了很多缺陷。这种任命制，或者先任命后选举，极易导致校长千方百计地琢磨上级领导的意图，眼睛"朝上看"，对上级领导"言听计从"，工作重

---

① 成尚荣．地方课程管理和地方课程开发[J]．教育研究，2004(3).
② 余进利．我国基础教育三级课程管理体制刍议[J]．当代教育科学，2003(10).

心向外不向内。而对于学校的新课程改革与整体发展，特别是对校本课程的开发与实施缺乏足够的动力与主动性。"学生学习的有效性""轻负担，高质量"等这些现代教育改革的理念在这些校长们的眼里都是没有实际意义的。这些被任命的校长们自然而然就失去了提升课程领导力的信心与自我发展的需求。①

（2）校长的评价机制问题

教育行政部门至今尚未建立起与课改目的、要求相匹配的，特别是对校长工作业绩的评价机制。现在教育行政对中小学校的评价种类很多，有重点学校评估、示范学校评估、文明学校评估、办学水平评估等，但这些评估普遍有三个共同的缺陷：一刀切（不分城乡、不顾生源、不看基础、不比进步）；重硬件轻软件（重数据、轻实效）；重教育轻教学，对教学的评估，只关注最后的结果（升学率或统考优秀率等）。在一些地方，甚至出现了不按规范办学的学校被树为示范学校、不按规范办学的校长被评模范（标兵）的怪象，这在客观上导致广大校长提升自身课程领导力的意识逐渐淡薄。

（3）激励教师的机制不完善

教师的工资低、待遇差、工作的积极性不高是很多校长在工作中不得不面对的棘手问题。最近网上不断出现教师为低工资而集体罢课的报道。一位校长在访谈中说道：

"待遇能提高的话，能很快调动教师的积极性。现在教师的福利待遇不能令人满意。说实话，我们学校已经七八年没有涨工资了。现

---

① 张文. 校长课程领导之研究[D]. 济南：山东师范大学，2006：16.

在好一点的厂里倒班工人一个月就有四千以上，那我们现在都评上高职了也就有三千。这几年市场物价每年都在涨，我们一分也不涨，民工起薪三千，我们经常说自己还不如民工。新课改又增加了备课量，还要占用我们的休息时间去参加培训，精力哪里能分配过来啊！"①

在研究者的调查中，通过对多位教师的访谈也印证了上述情形。

自我国实行新课改以后，中小学教师们每天不仅要备课、上课、批改作业、写模块总结、参加课程改革讨论和培训，还要兼顾校本课程的开发，而各种形式的培训大多是占用他们的休息时间，这使得教师身心疲劳，而又得不到"实惠"，自然教师的积极性无法调动。教师的课程热情缺失，必定对校长的课程领导力的发挥产生负面影响。

① 王永丽. 校长的课程领导力研究[D]. 上海：华东师范大学，2009：13.

第五章　提升校长课程领导力的理论基础与分析

一、校长课程领导力提升的理论基础[①]

校长课程领导的理论与实践离不开一定的学科基础。对于哪些学科构成了校长课程领导理论与实践的基础，各家看法不一。一般来说，将哲学、心理学、社会学、领导学作为校长课程领导的理论基础是大家比较公认的。这些基础学科能使课程理论和实践工作者更仔细地分析所提出的或所实施的课程计划，并更好地为之辩护。这些理论基础为在课程领域中的思考和行动提供了必不可少的观念。[②] 哲学提供知识来源、认识过程、知识类别、价值取向等方面的支撑；心理学提供学生心理发展顺序、学习动机、认知策略、兴趣和态度等方面的研究成果；社会学提供社会发展、政治经济变革、意识形态及权力变

---

① 本节内容转引自陈明宏. 校长课程领导的研究[D]. 上海：华东师范大学，2007：72-76.

② 黄煌炳. 课程理论之基础[M]. 台北：台湾文景出版社，1991：6.

更等方面的思想；领导学则为达成教育与课程目标提供新型领导理论，拓展课程领导的视野，使课程领导更加有效。下面我们从哲学、心理学、社会学、领导学四个方面来简析校长课程领导的理论背景。

(一)校长课程领导研究的哲学基础

哲学是校长课程领导最重要的理论基础。课程领导不仅以哲学为依托，而且心理学、社会学、领导学也是受哲学的指引与支配的。杜威指出：哲学就是教育的最一般方面的理论；教育乃是使哲学上的分歧具体化并受到检验的实验室。[①] 实际上，心理学、社会学、领导学都源于哲学，都是从哲学母体中分化出来的，其背后都有哲学假设作为其支柱。教育哲学是关于人性、教育价值、世界观与知识观、学校与社会、教育过程中教师作用等方面的研究，赋予课程以前景与方向[②]。课程专家施良方教授沿着历史发展的线索，追溯了两千多年来哲学与课程运动的轨迹，在着重探讨当代几个主要哲学流派对学校的课程影响之后，得出了如下结论[③]：哲学中关于知识的来源与知识的性质的观点，对课程理论与实践，尤其是课程设计的模式，起着直接的指导作用；认识论中有关知识的价值问题的探讨，对课程内容的选择与组织关系甚大；有关知识的形式与分类的观点，在学校教育中折射为课程的类型和门类。不同的哲学流派，不同的哲学思潮不仅对学校课程的发展方向、课程领导者的教育理念和课程观的形成、课程愿

---

① 张华，石伟平，马庆发．课程流派研究[M]．济南：山东教育出版社，2000：23.

② 钟启泉．现代课程论[M]．上海：上海教育出版社，2003：335.

③ 施良方．课程理论——课程的基础、原理与问题[M]．北京：教育科学出版社，2004：74-78.

景、课程目标、实施策略的制订都会产生外显或潜在的影响，而且有助于课程领导者不断反省与厘清自身的信念与想法，根据时代与环境的变迁，修正课程领导的理念。例如，从 20 世纪初到第二次世界大战前，美国的课程哲学表现为进步主义（progressivism）与要素主义（essentialism）的对峙。进步主义的课程哲学观是：教育是生活本身而非生活的准备，教育是主动的，知识是驾驭经验的工具，经验课程是课程的主体，学校应培养合作的精神，应着眼于问题的解决。教育意味着民主，民主意味着教育，应以民主方式管理课程乃至整个教育。而要素主义的课程主张是：以文化为中心进行课程设计，通过心智训练以适应当前的物质环境和社会环境之需要。学科课程是课程的主体，课程按学科逻辑进行组织，教育的主动权在教师而非学生，这反映了自柏拉图以来的西方教育传统。[①]　因此，不断反省并了解各种哲学思潮的理念、课程观、学习观，有助于课程领导者，特别是校长形成自身独特的教育与课程领导理念。

(二)校长课程领导研究的心理学基础

心理学对学校课程具有重大影响。心理学的原理和研究成果常常被用来作为课程抉择的依据。课程与心理学的关系千丝万缕，正如杜威所言：心理的考虑也许会遭到忽视或推在一边，但它们不可能被排除出去。把它们从门里赶出去，它们又从窗子里爬进来。[②]　心理学是

---

① 张华石，伟平，马庆发.课程流派研究[M].济南：山东教育出版社，2000：6-9.

② 杜威.学校与社会·明日之学校[M].赵祥麟，等译.北京：人民教育出版社，1994：130.

课程设计与发展中一切行动与思想的重要基础之一。心理学的观点有助于课程领导者掌握学生与教师的动机、兴趣、态度、能力、性向等方面的特点，有助于课程领导者分别不同的学习特征和学习过程，从而安排良好的学习环境，设计和开发符合学习者身心、认知与社会发展的课程内容及组织编排方式，增强学习者动机。同时，课程领导者也可通过学习有关心理学的知识，关注教师的工作满意度，提供适当的组织环境与氛围，激励教师的士气，提升教师的工作成就感，体现课程领导的效能。

心理学自发轫起，流派纷呈，方法、观点各异，但其对课程的影响主要反应在课程编制的各个方面。例如，以华生和斯金纳为首的行为主义者在设计教学程序时，侧重的是行为，并要以一种可以观察到的、可以测量的形式来具体说明课程内容和教学过程。这必然会影响到课程目标的制订、课程内容的选择、课程实施的方式和课程评价的模式。以布鲁纳等为首的认知主义者在课程设计时关注的是学生头脑中的认知结构或学科的知识结构，而非学生学会对某种刺激做出某种反应，他们感兴趣的不是行为发生的频率，而是学生的思维过程和思维方式。因此，课程内容必须与学生既有的知识结构联系起来，以产生有意义的学习。人本主义者如罗杰斯等关注的不是学生的学习结果，也不是学生学习的过程，而是学生学习的起因，即学习的情感、信念和意图等。他们把课程看成是满足学生生长和个性整合需要的自由解放过程，课程的重点已从教材转向学生个体。课程内容并不重要，重要的是要引导学生从课程中获取个人自由发展的经验。[①]

---

① 施良方.课程理论——课程的基础、原理与问题[M].北京：教育科学出版社，2004：31.

因此，课程领导者在领导与管理学校课程时，要善于运用心理学的原理，提升学生学习动机，促进学生学习改进，满足师生及社区需求，推行适当的课程规划，开发并评鉴学生的多元智能。

(三)校长课程领导研究的社会学基础

涂尔干(Durkheim，E.)认为，教育是年长的几代人对社会生活方面尚未成熟的几代人所施加的影响，并由此可以得出这样的推论：教育在于使年轻一代系统地社会化。[①] 由此可见，学校课程作为社会文化的一个组成部分，既受社会政治、经济因素的制约，同时也因其保存、传递或重建社会文化的职能而对社会产生一定的影响。它们之间的关系是交互的，正如布鲁纳所说：离开了社会背景，课程争议的意义也就黯然失色了。[②]

社会学提供社会发展、政治经济变革、意识形态及权力变更等方面的内容，并涉及知识与社会的关系、社会组织的特征、社会制度及其对社会成员的影响、社会成员在社会中的成长与流动、人们在社会中是否受到公平待遇等问题。因此，课程领导者在课程设计与开发时，如何确保教育机会均等、如何配合学生在社会中成长所需、如何因应社会对知识的看法、如何化解课程实施过程中权力不均等问题，都是课程领导者必须面对的。[③] 施良方先生通过对社会学与课程设置的历史考察，以及对现代教育社会学的三种理论流派对课程影响的梳

---

① 吴康宁．教育社会学[M]．北京：人民教育出版社，2004：2.
② 布鲁纳．布鲁纳教育论著选[M]．邵瑞珍，等译．北京：人民教育出版社，1989：7.
③ 黄旭钧．课程领导：理论与务实[M]．台北：心理出版社，2003：172.

理后认为：不论是课程设置还是整个课程编制，都受社会因素制约，并受不同的社会观所支配，具体表现如下：学校课程与社会经济有着生生不息的关系，社会政治、经济制度制约着课程的设置及课程的编制过程；学校课程总是离不开学校文化，课程既传递和复制社会文化，同时也受社会文化，尤其是意识形态的规范。占支配地位的阶级意识形态总是在引导人们重视某些学科、轻视某些学科；学校课程的思想总与一定的社会背景相联系。①

学校课程或是为了使学生适应社会环境，或是为了引发某种社会变革。早期的思想家往往从社会理想出发，笼统地探讨课程设置与社会构成的关系，而现代社会学家则注重对社会结构、社会互动与课程标准、课程内容之间的关系的具体考察。例如，以涂尔干为首的功能理论认为：教育作为一种社会机构，主要是传递基本的价值观念和技能，帮助学生进入适当的社会位置。

学校课程学习的目的是使学生社会化，社会通过课程来筛选学生。鲍尔斯（B. Bowles）、金蒂斯（H. Gintis）运用冲突理论模式来分析当代教育制度，认为社会结构再生产的工具——隐形课程②，以各种潜移默化的方式渗透于学校课程中，使学生不知不觉地在头脑中再生了统治阶级的意识形态。教育的不平等扎根于社会政治、经济制度之中。解释理论学者杨（M. Young）认为，知识都不是中立的，知识的建构总是为某个社会中的某个阶层服务的，课程内容的选择、确定的

---

① 施良方. 课程理论——课程的基础、原理与问题[M]. 北京：教育科学出版社，2004：54-58.

② 隐形课程：一种阶级关系和信念的型式，此处特指维护资本主义制度的劳动观念、权威观念、社会规范和价值观念等。

过程，实际上是教育知识成层的过程。鉴于此，课程领导者应该用社会学的原理，使学校的课程适应社会、改造社会，并容纳多元的社会价值与文化。在课程领导的过程中，必须顾及教育均等和教育公平的理想，符合社会潮流，增加社区参与，倡导终身学习，争取资源支持，丰富课程内容，建立良好关系，促进学校的发展。

(四)校长课程领导研究的领导学基础

教育的发展离不开教育行政，而教育行政的效果离不开教育行政领导。通常人们认为，领导科学也称领导学，是从管理科学中分化出来的一门新兴学科。实际上，领导科学很难说是一门学科，它不过是在对各种领导问题进行研究的基础上发展起来的形形色色的领导理论的汇总而已。[①] 校长课程领导除了有课程方面的理论基础外，领导方面的理论基础也是其重要因素之一。

近年来，许多工商业界及公共行政所积累的有效的领导理论与实践被课程学者应用到课程领导领域，以帮助课程领导者推行有效的领导，增大课程实施的成效，满足师生需求。特质理论、风格理论等领导理论要求领导者发挥个人良好的领导特质与风格，依据实际的课程与教学情境、任务要求与成员属性，扮演有创意、能关怀、可积极回应的领导者，营造人性化的组织环境与文化，以有效达成课程与教学目标，满足成员需求。

随着工业化的加剧，效率、理性、秩序、成本等产业界的术语与运作被用来实施学校管理，而学校所需要的领导不是官僚式的命令，

---

① 吴志宏.教育行政学[M].北京：人民教育出版社，2005：124.

而是由自上而下的阶层管理逐渐转变成合作式、同僚式、参与式的领导形式。面对新挑战，学校必须有新作为。一些新兴的领导理念与模式便不断地被借用到学校课程领导中，如全面质量管理、学习型组织、知识管理等模式与做法，不仅给课程领导带来了新视野，而且拓宽了课程领导的层面与范围。① 全面质量管理可促进课程利益者之间的合作，增强成员的专业信念，开发优质课程，提升领导效能。学习型组织所提出的共享愿景、信任沟通、参与授权等理念有助于落实课程领导，引导师生共同学习，改变学校成员的心智模式，促进其专业发展，从而将学校打造成为学习共同体。知识管理的理念有助于学校成员知识的分享与创新，而知识的创造与分享是有效领导的核心。校长作为课程领导者，可借此类思想，形成分享与创新的学校文化，使教师的专业技能与课程知识通过分享与讨论，不断增进，不断再造，不断完善，最终塑造优质的课程文化，提升课程领导品质。

二、校长课程领导力提升的理论分析②

(一)分布式领导与校长课程领导力的提升

20 世纪 80 年代以来，社会变化加剧，学校面临着日益复杂严峻的挑战，传统集权与科层体制的"英雄式领导"已无法积极应对学校变革的需求，正如学者埃尔莫(Elmore)所言，"在这种知识密集型组织中，若不通过广泛的分布领导职责就无法完成类似教与学这些复杂的任务"。因此说，"集权、控制、指挥、个人关注"等正统的领导观念

---

① 黄旭钧.课程领导：理论与务实[M].台北：心理出版社，2003：140.
② 转引自夏禄祥.论校长课程领导力的提升[D].郑州：河南大学，2008：45-52.

和领导方式逐渐地被"授权、民主、合作、集体参与"等话语和行为所替代，分布式领导继交易式领导、转化式领导之后，成为一种新的备受专家学者青睐的教育领导理论。

分布式领导是在试图突破"正统"领导研究思路和基于领导者角色的研究中出现的一种领导取向。但或许正是因为分布式领导本身的特性使然，以及各个研究者的研究立场、观点和方法的差异性，时至今日，对于分布式领导的认识理解尚未达成共识。尽管学者们的观点见仁见智，但他们都关注领导实践分析的组织层面，而非个人层面，强调领导实践是领导者、追随者和学校情境交互作用的结果。其中，哈里斯和契布曼的观点很具有代表性，他们从权力分配的角度出发，认为所谓分布式领导实质上是组织机构中权力的重新分配，是校长在保留其终极决策权与承担终极责任的前提下，让教职员工享有一定的决策权，承担相应的责任，及强化教职员工优异表现的过程。

总体而言，分布式领导最本质的内涵是赋权和团队合作。对于学校领导者而言，分布式领导强调团队合作，进行劳动再分工，吸取集体的智慧。对于教师而言，分布式领导强调对教师的授权和尊重，使教师在课程教学设计和专业发展方面拥有话语权，促使教师自觉地不断发展自己的专业智慧。

分布式领导的基本特征是权力分享与团队合作，鉴于此，我们可以把分布式领导理论引入课程领导的研究之中，以此改善校长的课程领导现状，进而提升校长的课程领导力。分布式领导理论的引入并不是想当然的主观意志行为，这是课程领导自身的需求。从最初的课程领导研究到转型的课程领导研究，都存在着一种"英雄领导"的问题，对课程领导的研究往往把注意力集中在校长一个人身上，存在着把课程领导的成败完全和校长的作用联系起来的倾向。虽然校长是极为重要的课程领导者，但也不能承担课程领导的全部职责，课程领导不能忽视教师及其他学校成员在学校效能与改进方面的重要作用。尤其是在现代学校组织中，随着技术条件和社会环境的变化，组织趋向扁平化，权力更为分散，学校课程决策更大地依赖于学校团队的智慧，课程领导的工作和责任需要更多的角色分担，所以，分布式课程领导有更大的适应性。分布式课程领导不再把课程领导看成是一个居于高位的、孤独个体所行使的职能，而是在一种共同体之下，在合作性工作之中发生的集体行为。它重视各个层面课程领导的作用，强调动员更多有能力者的积极性和参与意识，集合更多人的才能，放大学校成员的整体智慧与能量。

所以说，我们可以借助分布式领导理论的基本理念，改变传统自上而下的权力过分集中的状况，逐步从国家向地方放权，从地方向学校放权，从学校向教师放权，以此保障多元声音的表达，营造共享责任的氛围，从而提升校长的课程领导力。至于如何处理权力的分配，可以从以下两个方面着手。

其一，从外部给学校"松绑"，广泛地把权力下放到学校。与其他一些国家相比，我国的教育权力下放更多地集中于地方政府和高校，使之具有更大的自主权，而普通中小学校的课程自主权普遍不受重视，并受到诸多方面的限制。作为校长，都有自己的教育追求和办学理想，而要实现理想，达成目标，还必须具备一些条件，其中不可缺少的就是要有一定的权力，诸如用人权、财权、课程权等。尤其是在课程改革不断深入发展的今天，校长要有效达成学校课程领导，必须拥有充分的课程权。因此说，从国家到地方都要给学校（校长）放权。

为了使学校课程更有活力，要给校长在人、财、物管理上以更大的自主权：鼓励学校通过正常渠道，加大自筹资金的比重，改善办学条件，为新课程的有效实施创设良好环境；给学校以真正的课程设置自主权，允许校长在完成国家课程标准的前提下，可根据学校实际情况调整课程结构，开设学生发展需要的课程；将一些不必要的检查、考核取消，放权于校长，让他们专心于学校的课程改革与发展工作。

其二，校长给教师们"松绑"，广泛地赋予教师权力。虽然说从外部下放到学校层面的权力是有限的，然而，新的管理角色在一定程度上又导致学校内部新集权的出现。在许多情况下，教育权力下放到学校后，又导致权力在学校领导高层集中，对于规模比较小的学校，权力主要集中在校长手里，对于规模较大的学校，则集中在以校长为中心的高层领导集体手中。结果是学校领导层与教师之间形成对立，自上而下的管理结构得到强化，控制越来越多，教师处于权力的真空地带。在这种情况下，教师投身于课程的积极性大为缩减，成为制约学校课程改革与发展的重要因素之一。

因此，还要在学校内部给教师们放权。在教材使用方面，根据课程标准的要求，教师在讲课时可以增删课本中的篇目和例子，可以与学生共同开发课程资源。教师在讲课时要引导学生"走进教材"（掌握课本中的基本知识）和"走出教材"（开发课程资源）。课本不再是权威，仅仅是学生学习的一个载体，一个范例。在教学科研方面，倡导教师在教育教学的过程中不断发现新问题，在专家的引领下通过"自我反思"和"同伴互助"，研究和解决新问题，在学习和实践的过程中实现专业化发展，不断提升自己的思想和业务水平。

(二)校长专业化与校长课程领导力的提升

长期以来,由于种种原因,我们对校长角色的定位一直比较模糊。在传统的角色定位中,校长更多地被看成是行政官员,对校长的任命、提升和评价往往与对其他政府官员的做法类似,并且校长往往就是在政府的指导下开展工作。由于校长多是由优秀教师提拔上来的,他们缺乏作为学校领导者应具备的知识和技能,这也使得校长队伍整体素质不高,专业性不强。不过在近几年,校长专业化问题日益引起了人们的关注,尤其是在基础教育课程改革的背景下,中小学校长的专业化和专业发展就越发显得紧迫。

校长专业化是指校长职业的专业品质和专业化程度不断提高的动态过程。从校长个体的角度来看,校长专业化就是指校长专业发展,即校长个体在专业知识、专业技能和专业精神等方面不断发展、日臻完善的过程。校长专业化是一个阶段性的渐进的发展过程,在专业化的发展过程中,校长必须不断地接受教育、吸收新的信息和专业知识,以应对日益复杂的学校管理和教育教学工作。校长必须建立持续发展和自我发展的理念。一方面,上级主管部门要为校长提供充分的教育和训练机会;另一方面,校长自己必须主动地在工作中琢磨业务,总结经验,自觉地终身学习,以不断提高专业知识和专业技能。校长专业化不仅影响着校长自身素养的提高,而且影响着学校变革的发展方向。课程改革是一场具有专业挑战意味的课程再造工程,面对学校改革中的挑战与困难,人们往往寄希望于校长,期望校长通过自身专业发展不断改善课程领导。从这个意义上说,校长专业化对于校长课程领导有着重要的意义。

　　课程领导是一项专业的工作，这就决定了校长要成为专业的课程领导者，与时俱进地实施专业发展。而这些可以通过校长专业化来实现，在校长专业化的过程中，校长逐步树立起专业权威，并利用专业权威实施课程领导，不断提升自身的课程领导力。不过，人们对于校长专业权威的认识多有差异。美国学者托马斯·J·萨乔万尼（Thomas J. Sergiovanni）指出，人们所依赖的领导权威不外乎五种：行政权威、心理权威、技术－理性权威、专业权威以及道德权威。按照萨乔万尼的分析，行政权威源自于校长的职位权力和学校的等级制度，行使行政权威的典型方式是对教师的监督与考核；心理权威建基于校长的人际技能和激励技术，行使心理权威的典型方式是了解教师需要并满足这些需要以换取教师良好的工作表现；技术－理性权威的基础是科学知识，行使该权威的典型方式是以科学知识为依据，找出教学工作的最佳路线，并在教师中推广应用；而在专业权威之下，教师依据共同的社会化、专业价值观、认可的实践原则以及内化了的专业精神对环境召唤做出回应；道德权威则是来自学习共同体的共享的价值观、信仰、理念、承诺和理想的力量。萨乔万尼之于领导权威的认识，对于全面地、多层次地理解校长专业权威具有一定的参考价值。

　　我国有学者指出，校长的权威建立在三个层面：一是法定权威，是政府赋予校长的法定权威，但在民主社会中，校长的法定权威逐渐走向式微；二是专业权威，校长要领导教师，面对家长，因此，校长需要有新的教育理念和较强的专业能力，否则，将难以受到尊重；三是参照权威，指的是校长的人格魅力，校长不仅要求教师认真教学，也要关怀教师，以身作则，以人性化的领导感动教师，从而赢得尊重。可以说，校长的权威是权力与威信的统一，每一种领导权威都是必要的、合理的。

一项关于校长权威的个案调查显示，A 校有 58.3% 的教师，B 校有 66.7% 的教师认为校长的权威来自他的职位和权力。这个数据表明，这两个学校的校长权威主要是其职位和权力赋予的。[①] 如果校长仅凭其职位和权力来发号命令，这样收到的效果并不见得好。因为一旦校长的命令不被教师所认可，就会招致教师的不满和反对。因此，对每一位校长来说，都有一个角色认知、角色转变以及权威重构的过程。在权威重构的过程中，校长不应满足于"行政权威"，还要成为真正的"专业权威"。正如罗杰斯（Diana R. H. Rogers）和泽纳（R. C. Zeanah）等人的先行研究所指出，如何在课程改革进程中提升课程领导的意识与能力，本质上是一个如何从"行政权威"走向"专业权威"的课题。

因此，唯有持续不断地促进校长专业化，才能在学校课程领导的过程中逐步树立起校长的专业权威，才能不断丰富校长课程领导的专业知能，进而提升校长的课程领导力。

(三)"自在""自为"与校长课程领导力的提升

"自在"与"自为"是 19 世纪德国哲学家黑格尔常用的哲学术语，用以表达绝对理念发展的不同阶段。法国哲学家萨特在其主要著作《存在与虚无现象学本体论》中对"自在""自为"也有一番论述，他从意识的"意向性"和"超越性"中引出了两个"存在"的概念，即"自在的存在"和"自为的存在"。所谓"自在的存在"，是指客观的物质世界，它

---

① 林存华．中小学校长领导权力的个案调查与比较[J]．上海教育科研，2000(5)．

没有任何原因，也没有根据，就在那里存在着，如此而已。在"自在存在"的状态下，存在是它自身，它不含有任何关系，因而是绝对的，这种绝对性决定了它的自在性。而所谓"自为的存在"，实际上是指有意识的人的现实的存在。人的存在不仅是自在的，而且是自为的。如果说"自在的存在"是绝对，是充实和完满，那么"自为的存在"则是对"自在的存在"的否定和超越，是一种向着未来开放的存在。

对于校长来说，其课程领导行为应从"自在"状态走向"自为"状态。所谓"自在"状态，是指校长在课程领导过程中仅凭借经验，不依靠理论，在无意识的状态下从事课程领导行为。在校长的日常生活中，校长自身具有很深厚的实践经验，主要是凭借着经验而不是理性来维持日常领导生活。校长的理性精神在日常的领导生活中逐渐被经验所消解，理性在经验的绝对统治下失去了其应有的地位。依靠经验维系的课程领导，使校长缺乏理性的精神，同时又形成了简单而重复性的思维方式。校长的思维定格在相同的框架内，对于经验只要接受，然后传递，不需要变更，也不需要创造。于是，校长在接受——传递的简单而又重复性的思维方式中，继续着日复一日的、自在的领导生活。这种重复性的思维方式使校长的日常领导工作表现为以重复性思维与重复性实践为主的自在的活动方式。

重复性的思维使本应该富有创造性的领导生活失去了应有的新鲜与灵动，消磨了校长的生命感受与生命活力。而所谓"自为"状态，是指校长在课程领导过程中能自觉运用课程领导理论，有意识地从事领导活动，更好地发挥领导作用。校长对课程有着独特理解和感悟，能够创造性地理解课程内容，用自己的人生体验对课程知识进行个性化的理解和运用；能够在自己课程领导经验的基础上，通过借鉴他人的经验和理论成果，创造出属于自己的课程领导理论和方法，形成独特的领导风格。

校长不只是凭借经验和重复性思维来展开日常领导活动，而是在经验的基础上进行创造性的领导。创造性的思维打破经验主义的机械的僵化的领导生活模式，在看似平凡但却充满神奇而又丰富多彩的领导情境中，创造创新的条件，把握创新的时机，在流动的、不断生成的课程领导活动中展示自己的才华，体现自己的人生价值。传统的自在自发的校长领导方式已经无法适应课程改革新形势的要求，变革在所难免。校长需要通过持续不断地学习与反思，从自在状态转化成自为状态。

一方面，校长应唤醒自在状态下沉睡已久的理性，不断地追问自己是否只是凭借经验维持自己的领导生活，唤醒被机械重复的领导活动所消磨了的激情，怀着一颗跳动的心去感受知识世界的博大与深刻。通过反思，更新思想观念，使自己在课程改革中从被动的执行者变成主动的参与者和创造者。另一方面，校长应在日常领导生活中恰当地、有限度地运用所学理念和知识体系，超越传统的经验主义，以理性精神关照自己的领导行为，自觉地求助于创造性思维，在创造性实践中研究课程领导理论，并同课程领导理论建立起自觉的关联，使其成为校长个人的实践性知识。这样，校长的课程领导行为不断得以改善，逐渐由自在状态走向自为状态，其课程领导力也会得以不断提升。

(四)开放式文化与校长课程领导力的提升

课程改革是一项极其复杂的系统工程，仅靠学校自身是很难完成的，它离不开教育行政部门的政策支持，离不开社会各界的资源支持，离不开学生家长的密切配合。正如一位学者所指出的，"学校不是一个孤岛……学校需要外部支持。改革是一个复杂的、动态的、消耗资源的过程。没有一个组织，不管是一所学校还是一个国有企业，可能拥有取得改革成功所需要的所有专家和资源。"①学校是社会大系统中的一个子系统，它与外界存在着千丝万缕的联系，外界的各种因素都会对学校产生程度不一的影响。因此，学校不能将自身封闭起来，而应该以敞开的心胸与外界建立密切的联系，从多种渠道获取对学校发展的有利支持，充分利用一切积极因素来促进学校的发展，形成开放的学校文化。学校文化作为在学校发展中逐渐形成的、师生共享的基本假设和信念以及稳定的生存方式，表现为学校组织成员共同遵守的价值体系和行为模式。由于学校这一特定组织拥有独特的社会结构、人文环境，这样就构成了独有的学校文化。

学校文化具有社会控制和社会化的功能，强烈地影响着教师和学生的行动。关于学校文化的研究表明，学校文化渗透在学校的各个维度，在不同的层面上发挥着不同的作用。开放的、合作的学校文化对学校的许多方面有着积极的影响，有助于改进学校内部及其与外部的交流和相互协作，是学校改革成功与否的关键因素。

可以说，学校文化对学校课程改革的影响是无处不在的。因此，校长进行课程领导必须充分认识到开放式文化的重要性，切不可忽视学校文化的存在。课程领导并不是校长一个人的事情，而是所有学校课程相关人员的事情，因为任何一位学校课程相关人员的行为都会对

---

① 唐丽芳.课程改革中的学校文化：一所学校的个案研究[D].长春：东北师范大学，2005(4).

课程领导的效果产生难以预计的影响。课程的实施过程其实就是人的积极性被不断唤醒和激发的过程，是推进课程建设的民主化的过程。校长要通过对全体成员的需求的了解、满足和提升，营造互相尊重、和谐、愉快、合作、向上、进取的文化氛围，使成员的主动性、积极性及想象力、创造力得到充分发挥，使教师和学生成为课程的主人，从课程的忠实执行者转变为课程的参与者和创造者。每一位学校课程相关人员对学校课程领导效果产生影响是必然的，这就要求校长在课程领导的过程中，要充分认识到每一位成员的重要性，并有效发挥每一位成员的作用。

校长课程领导所需要的恰恰是一种开放性文化，校长应该放弃原有的封闭性格，以开放的心态接纳所有关心学校课程的相关人员，将学校的各个方面向社会敞开，积极地与其他人员进行交流，主动邀请家长、社区人士参与到学校课程领导中来。校长要认识到学校的教师、学生、家长、社区人员都是很好的合作伙伴，与这些人员的平等合作，能够使校长不断获取新的思想和观念，不断完善自身的发展。从这个意义上说，当学校文化和校长文化从封闭走向开放的时候，校长的课程领导力即会不断得以提升，其课程领导也就水到渠成。

第六章　提升校长课程领导力的
实践策略

校长的"课程领导意识淡薄""课程领导力不足"已成为制约校长课程领导效能的"瓶颈"。新课程改革需要校长具有一定的课程领导力，而课程领导又是一个持续的互动过程，需要相关课程主体持久的革新张力，需要铸就共同的价值观和课程愿景，需要培育全体成员的归属感，需要校长强而有效的组织与引导能力。因而，身为一校之长，唯有不断更新自己的课程理念，提高自己的课程专业知识，构建课程领导共同体，来共同规划、设计和实施学校的课程愿景，从而使校长个人成为课程领导的终身学习者、实践反思者，并最终将自己的信念和经验化为学校全体成员的精神共契。

Hord & Hall(1993)曾经总结说，校长所发挥的强而有力的领导，是决定课程领导成效的关键。他们也发现，校长们能采取主动积极的引领风格，是有效的课程实施得以保证的重要原因。为了锤炼自身的领导力，校长应广泛吸收"经济人"中的竞争观、"社会人"中的自我实现观和"伦理人"中的能动性与社会责任感，将西方的理想思维与东方的直觉思维有机地结合起来，改进其领导的不足，全方位、立体化锻造课程领导的五元素，做一个真正的课程领导者。[①]

校长课程领导力的提升是一项极具改革与创新意义的复杂工程，其每一步的推进都不是简单的行政命令的执行和管理的过程，而是充满了不确定性和复杂性。那么校长要想提升自己的课程领导力，从行政领导走向专业领导，跨越理论和实践的鸿沟，就需要一步一个脚印，扎扎实实地"摸着石头过河"，不断地进行探索和实践。这就需要他们在行动中持续地进行摸索和研究，思考解决问题的路径和策略，需要各方通力合作，充分调动教师参与课程改革的积极性，共同应对课程教学中的挑战。

一、校长需要转变课程理念和课程领导角色

苏联教育家苏霍姆林斯基提出，"领导学校，首先是教育思想的领导，其次才是行政上的领导"。"没有教育思想的领导，就没有校长"。[②] 华东师范大学教授陈玉锟也指出，在现代学校发展的三个阶段中，第一个阶段的学校管理主要依靠校长的观念、人格与能力，第二个阶段的学校管理主要依靠一套完善的管理制度和机制，第三个阶段的学校管理主要依靠校园文化。其中，最重要的是学校教职员工的价值追求。同样，课程领导首先是课程理念的领导，课程管理首先是课程理念的管理。课程理念是学校办学思想的核心，是课程化的具体表现，是课程与教学工作管理的灵魂、方向和旗帜，它对整个课程与教

---

① 陈明宏. 校长课程领导的研究[D]. 上海：华东师范大学，2007：167.
② 苏霍姆林斯基. 给教师的一百条建议[M]. 杜殿坤，译. 北京：教育科学出版社，2000：89.

学工作起着导向、约束、凝聚、激励的作用。①

课程改革要求校长具有课程的领导意识、探索意识、竞争意识和敬业意识，校长的业绩和办学质量要能体现课程改革的理念和要求。但是，长期以来我们忽视这方面的领导与管理，在学校的工作计划中，基本没有或者根本没有这方面的工作安排，在学校的制度中也基本没有或者根本没有这方面的规定，在学校的办学行为和教学行为中也基本没有或者根本没有落实。正确的课程理念的缺失，不仅影响了课程实施的质量，而且也影响了学生、教师和校长的发展，进而影响了整个学校的办学水平。

因此，要想改变这种状况，首先要唤醒校长的课程领导意识，增强校长课程领导角色的转换意识，而这些都需要从校长的理念更新着手。只有校长充分认识到课程理念和课程领导角色转换的重要性，才能够带领全校教职员工改变课程理念，积极有效地进行课程改革，进而也提升了校长的课程领导力。也就是说，更新理念是实现校长课程领导力提升的首要任务。

美国课程论专家兰姆博特认为，② 课程领导是一个由领导者与课程领导共同体就课程问题达成共识的过程，是一个需要全体教职员工积极参与的过程。因此，需要更新理念的不只是校长个人，而是全校教职工。随着课程改革的不断深入，校长必须不断根据课程改革的需要来调整自身的理念，以适应不断变化的课程情境，从而带领大家进

---

① 陈玉琨. 发展性教育质量保障的理论与操作[M]. 北京：商务印书馆，2006：37.

② L Lambert. *Building Leadership Capacity in Schools*[M]. Alexandria，VI：Association for Supe-rvision and Curriculum Development(ASCE)，1998：5-9.

行课程改革。全校教职工课程理念的更新，更依赖于校长的引领。只有上下共同努力，才能推进学校课程的改革，校长的课程领导才能得以实现。

(一)校长应该具有什么样的课程理念[①]

课程领导不同于传统的课程管理，"主要表现为意在摆脱历来的'管理思想'：自上而下的官僚体制的'监控''管制'，即改变学校接受上级行政部门的指令之后才开始围绕学校的课程展开活动和运作的认识；改变行政和管理是从学校上司和外部提供驱动力的观念。"[②]思想是行动的前奏，课程领导实践的发展必须依靠新的管理思想和理念的生成，校长的课程领导应该在实践之中持有新的教师观、学生观和课程观，这些理念是学校教育和课程的最基本的元素。因此，我们认为这是校长课程领导所应该坚持的核心理念。

1. 课程领导中的教师观

(1)教师是课程的组成部分

20 世纪 50 年代的新课程运动彰显了教师在课程中的重要作用。校长的课程领导必须坚持教师是课程的重要组成的观点，只有这样才能变课程管理为课程领导，提升课程发展的品质。美国课程专家施瓦布(J. J. Schwab)建立了一个新的课程范式，即"实践的课程范式"，提出教师和学生应该是意义的创造者。教师并不是孤立在课程外部，而是课程的有机组成部分，是课程的创造者。这就对以往泰勒主张的目

---

① "校长的课程理念"中的内容转引自赵永勤. 论校长课程领导的理念与策略[D]. 重庆：西南师范大学，2005：14-16.

② 钟启泉. 从"课程管理"到"课程领导"[J]. 全球教育展望，2002(12).

标模式进行了评判。在泰勒的目标模式中，教师必须按照固定的目标来实施课程，因而教师是被目标所控制的。因此，教师只是在课程目标的指引下亦步亦趋地执行课程，实施客观外在于自己的课程。主体性、创造性、参与性的缺乏必然导致教师对课程的漠然状态，实践的课程范式把教师作为课程的主体之一，也是课程的开发者和设计者，他们可以根据自己的实践经验对新课程的需要做出阐释，把自己的智慧贡献出来。这样，教师的思维与新课程的视域是融合的，对于新课程的真正意图，课程实施的真正目标和指向都是清楚分明的。因此，在实施课程之时，教师就可以很容易地把课程知识按照预想的轨道传授给学生，促进学生学习品质的提升，在教学过程中提高课程发展的质量和层次。

我国传统上实行中央集权型的课程管理体制，课程开发和实施模式也类似于泰勒的目标模式，实际上课程的设计是"防教师的"，这就把教师作为一种课程的外在，无法真正达成课程的美好意图。三级课程管理体制适度地下放课程权力，分别赋予国家、地方和学校不同的课程权限，这也为不同层次的课程领导实施准备了条件。在校长的课程领导功能中，可以在国家课程和地方课程的框架内开发校本课程。这三种课程形态都需要把教师作为课程主体参与、融合到课程之中。国家课程、地方课程的校本化实施是其课程真正在学校层面上发挥作用、内化为学生的知识形态的前提条件。而校本课程的开发则更需要教师积极主动地参与。美国历史上著名的新课程运动的失败也证明了教师必须成为课程的内在因素，把教师排除在外的课程无法达成理想的效果。因此，校长课程领导必须坚持教师是课程的重要组成部分的思想理念，真正发挥国家课程、地方课程、校本课程对于课程发展、学生学习品质提升的重要作用。

（2）教师是课程的建构者

建构主义是学习理论中行为主义发展到认知主义之后的进一步发展，是对于客观主义方向的进一步逆行。客观主义认识论主张人类的知识是客观存在的，是可以学习和传授的，人通过对外界的学习来掌握这种客观信息，只要学习状况相同，不同的人都可以拥有相同的知识，而学习程度较高的人就具有更多的智慧和思想。而建构主义主张世界虽然是客观的，但是对于世界的理解和赋予意义则是个性化、主观化的，每个人都是根据自己的经验积累来解释和把握现实世界的。由于每个人的主观经验各不相同。因此，对于世界的认知和理解也会存在很大的差异。每个人的知识都是不同的，知识具有很强的主观特性，因此，人和人之间的知识无论如何都不会雷同。而不同主体所拥有的知识则可以通过交流和共同学习以促进知识的进一步丰富。

在建构主义认识论之下，课程领导的思想呼之欲出。每个人都是意义的创造者和世界的理解者、建构者，每个人都凭借自己已有经验对世界进行解读和阐释。因此，教师和不同层次的课程领导者一样都是拥有智慧的主体，都有课程决策的参与权力。而教师最常处于真正发生教育的场所——课堂，因此，他们对于学生学习的实践、课程发展现实及其需要具有最为直接的了解和最为丰富的经验，也理应成为校长课程领导的依赖者。校长在执行自己的课程领导功能之时要注意尊重每个教师的思想和智慧，允许并鼓励他们针对某一具体问题发展自己的意见和看法，群策群力，共同为课程决策的完善贡献力量。

（3）教师是人力资源

"纵观西方管理学研究的百年沿革轨迹，大体存在着三个逐渐演进的概念，即早期注重'管理'，中期关心'经营'，近期注重'领导'。"①"管理"的特征是依靠"科学"的管理方法，最大限度地提高员工的作业效率，员工只是机器的附庸，只是工厂的物化所有，他们的身心需要、个人利益完全埋没在机器的轰隆之中，湮没在效率的提高和工厂利益最大化之中。"经营"的管理方式，认识到了员工身心需要对于企业发展的积极意义，管理者煞费苦心地利用一切手段激发员工的积极性，满足他们的身心需要，以此来提高工厂的运作效率。

近期的"领导"则认识到企业员工是企业所赖以生存和发展的人力资源，他们身心需要的满足和企业的发展是并行不悖的，企业要充分发挥员工的积极性、主动性和创造性，以共同的目标和远景来吸引员工参与到组织和自我的发展中去。让员工把自己的发展计划和企业的目标联系起来，这样，企业人力资源的作用才能最大限度地发挥。企业领导的任务之一就是形成企业和员工的共同目标远景，以一种优良的企业文化联系企业全体人员，共同发展以求进步。如果把学校比作企业，那么，教师就是企业的员工。因此，以校长为首的学校管理者要具有人力资源的教师观，这种理念也理应成为校长所应该拥有的最基本的思想。要把教师的专业发展与学校的发展结合起来，采取各种手段满足教师的合理需要，以此激发他们对于工作的主动性和积极性，最终推动学校的发展。

2. 校长课程领导中的学生观

学生是课程管理中的最终目标，也是课程管理的最基本的对象。因此，学生观的不同可以作为课程管理模式的区别性标志。英国利兹

---

① 刘兰芬：当代西方领导学研究走向探要[J]. 领导科学，2003：17.

大学和波兰华沙大学社会学教授鲍曼的《共同体》一书中论述社会控制时提到"蜂群"的概念，以此来分析课程管理模式之下的学生观，以及我们应清晰地认识课程领导所应该坚持的学生观。

"蜂群"式的管理模式意味着蜂群在没有任何指令的情况下，也能够自己不出差错地找出通往鲜花的道路。因为整个蜂群是以草地上的鲜花作为共同的目标，蜂群中的引领者把前面的鲜花作为导引的媒介，实际上也就是成为蜂群中的领导者。每只蜜蜂都是在目标的导引下自愿、自我推动、自我引导，而不是依赖任何外部发布的命令以及纪律惩罚的约束限制。

"蜂群"式隐喻的基本人性假设是：人是自由的、自主的，可以自我导引的，是充满生命活力的个体，他们的规范行为的出现并不仅仅依靠外界的约束限制，没有外部监管，个体也可以在目标的吸引下产生角色行为，以自我的成长带动整个组织的发展。这个隐喻下的学生观，注重学生个性的存在与张扬，相信学生是具有自我控制和发展的有生命的个体，他们的学习目标与教师等人预设的整体发展目标是整合的，相互协调的，有着共同的动力导向的。因此，他们在教师等人的指导下为了目标而履行规范化的行为，这样的行为也会因为内在的动力支撑、个体主动性作用的发挥而持续久远。

在这样的课程管理模式中，教师等管理者只是目标的导向者、学生自主性的激发者。他们允许学生有自主行为，允许学生对外界事物以及课程知识产生怀疑和争论，但同时也会为正在成长的学生提供适当的引导。校长的课程领导也就是要坚持这样的一种基本理念，学生并不是被控制的物化的个体，他们是具有自主性、具有自我发展潜能的鲜活的生命个体。只要以校长为主的课程领导者们为学生的学习创造一种积极的文化气氛，以一种共同的目标导向吸引、鼓励他们对课程知识进行讨论和质疑，凭借已有的知识经验以及生活实践验证课程知识，并为他们的自我发展做出指导，学生个体就会出现良好的发展态势。这是一种自觉、自愿、自主行为所创造出的一种充满活力的深层次的稳定秩序，也是课程领导者所期望的不治而治，学生可以进行自我领导的前景。

3. 课程领导中的课程观

课程领导要坚持建构主义认识论，教师和学生都是意义的建构者，都可以凭借自己的知识和经验对课程进行建构。由此引发的课程观下的课程便具有了动态性和生成性特征。建构主义认识论是相对于客观主义而言的。客观主义确定知识是客观事物在人的头脑中的反映，并具有客观性、普遍性、绝对性等特点。在此思想的引导下，课程就会成为向学生传授的一种预设的知识体系，不容教师和学生对其进行改造。教学的目的就是教师向学生灌输这种客观的、不容置疑的绝对的知识，知识对教师和学生来说只是一些客观的外在存在，和自己的生命活动少有联系，他们只能被动地接受，而无法在知识中体会意义和价值的存在。

传统的课程管理坚持的就是这种静态的知识观。由专家和学者依据自身理论知识完成教科书及教学材料的编制，课程是以既定的文件形式出现的，课程知识就以预先设计的姿势载于其中，由教师——忠实的课程实施者——向学生进行灌输。此时的课程是静态的、封闭的和稳定的。而教师和学生都是课程的客观存在，他们的生命力无法和知识的内在意义构成联结，因此，课程的真正价值无法得到发挥和张扬。

建构主义认识论认为,虽然世界是客观存在的,但是每个人都是根据自己的经验对世界存在教学意义的建构和阐释。知识并不是认识主体对客观外在的镜式反映,其存在具有很强的主观性、情境性和体验性。每个主体由于主观经验的不同,也就拥有着不同的思想和知识。因此,世界上不存在客观的、固定的、绝对的知识。这样,在知识的主体性下,传统课程管理下的课程及其预设品质已经不复存在,代之而起的是知识的主观建构和意义的体验和生成,出此而引发出生成性、动态性的课程存在。课程领导思想主张每个人都是课程的建构者,都有智慧和能力达及对于课程的主观构造和阐释。而课程领导的权力分享则意味着课程决策权力主体的多样性,这样,教师和学生就不仅仅是课程的外在接受者,他们可以在情境之中通过探讨、反思等方式对课程知识进行理解和把握,以自己的主观经验削减课程的预设品性,把已有的书本知识和自己的情感体验结合起来,使课程与师生的教学情境不断积极互动,使知识和生活真正融为一体,使课程知识的价值更加丰富化。

校长必须坚持动态式、生成性的课程观,坚持课程及其知识的发展性、开发性,真正调动起教师和学生对于课程知识进行创造性建构的积极性和主动性。

4. 课程领导中的学校组织观

学校作为一个组织网络,其权力的分配以及组织特征都会影响到组织成员对于群体的态度和行为。因此,为了达到对课程和学生的影响效用,校长的课程领导必须在学校组织观上坚持合理的观念。

课程权力主要是指参与课程决策、实施和评价时的地位,以及拥有的对他人言语和行为的影响力量。组织特征就是组织者管理宽度、集权化程度、专门化程度等所具有的样态。课程权力的分配状态与组织特征有着重要关联，而两者又同课程管理模式有着紧密联系。我国以往实施中央集权型的管理模式，把课程权力主要集中在最高层课程管理者手中，认为最高管理层是集中了信息和智慧的地方。因此，他们最有能力制订课程决策来颁布实施管辖范围。而下属只是被动地接受这些命令和信息，教师忠实地执行自上而下的行政命令是课程的最佳经营方式。因此，课程管理体系属于典型的"高耸式"官僚体制。一个管理者可以拥有很多下属。该体制的集权化程度很高，管理者拥有主要的课程权力，管理者特权阶层把握着权力和利益的分配，而学校和教师不分享权力，只是在规则和程序的监控限制下履行角色行为。

我国目前的三级课程管理体制为课程领导的真正实施提供了条件。在课程领导之下，课程权力得以分享，凡是与课程相关的人员均享有课程权力，尤其是对课程实施及其结果承担责任的学校和教师。这样，课程权力的分散使得课程管理体系变得相对扁平化，每个人都可以根据自己的主观经验贡献自己的智慧，也拥有着在课程之中的影响作用。

5. 课程领导中的社区环境观

系统理论一般依据一个系统与其外在环境之间交互作用而划分为开放式系统和封闭式系统。开放式系统也就意味着该系统与外界事物进行相互作用，彼此提高物质支持，进行功能的协调与配合。而封闭式系统一般很少与外界环境进行交流和互动，只是依赖自身进行生产和发展。实际上，纯粹开放或封闭的系统是不可能存在的，一般系统都是在独立发展的基础上和外界保持着诸多联系。

根据社会环境理论，社区环境和学校共同属于社区这一大系统的子系统。传统的课程管理思想认为，教育事业只是学校内部的事务，教育管理行政部门从事资源的调整和配置，学校的独立性较强，只需负责教学目标之下的人才培养即可，与所处的周围大世界没有很大的关联。而社区也只是把适龄儿童送入学校，依从、信赖、听任于学校对孩子的培养而对学校教育事务很少掺和。因此，学校和社区环境属于社区系统里相对闭锁、交流很少的独立子系统。

但随着家长对子女教育的日渐重视，民主化教育趋势的铺展，课程领导思想下的开放式社区环境观代替传统课程管理下的封闭式的社区环境观走到了时代的前沿。校长的课程领导要认识到社区和学校是相对独立而又彼此紧密关联的资源互动系统。学校与社区环境彼此进行资源的输入和输出。学校从大的社区环境中汲取历史知识、价值观念、发展目标及资金投入，如社区内人员对于社区内自然及人文环境相对了解，对于学校如何有针对性地开发校本课程可以提出建设性意见，而整个学校的发展也会受到社区发展目标、共有的价值导向的影响。学校汲取这些资源之后，根据自己的培养目标和教育哲学对学生进行培养，从而以学生为纽带向社区进行资源输出。校长的课程领导只有注意到社区环境之间不可避免的交互作用，它们是处于大的社区系统内部的独立而又紧密关联的子系统，妥善处理两者在独立与依赖之间的平衡，才能保证课程品质的发展以及学生学习品质的提升。①

---

① 赵永勤. 论校长课程领导的理念与策略[D]. 重庆：西南师范大学，2005：14-27.

(二)校长在课程领导中应该扮演的角色

课程改革理念是在 20 世纪后半期首先由英美等发达国家提出来的。校本课程开发的目的在于促进学校的自我发展和效能的提高,主张由学校负责研制课程与教材,通过增强学校的课程自主权使学校的课程更好地满足地方社会与学生的发展需要。在实践中,校本课程开发基于学校而展开,是一个由校长、教师、学生、家长、社区人士和课程专家共同参与和决策学校课程计划的民主过程。为此,校长要从学校课程整体发展着眼来积极发挥自己的角色作用。作为课程领导者的校长不应再是传统的课程管理者、监督者和控制者,而要成为校本课程开发的引领者、沟通者、支持者、促进者和合作者。

我国基础教育实行国家、地方和学校三级课程管理体制,让学校自主开发一部分课程,并提倡学校以校本化方式实施课程。与此同时,校本培训、校本教研、重塑学校组织结构和文化等主张也被提了出来。而校长是校务的最高领导人,学校层面的课程改革进行得如何,显然与其密切相关。上述课程改革的具体内涵说明,重在"执行"与"控制"的"管理"已不足以界定校长在新形势下的课程角色,需要校长实行课程领导,即校长能引领各利益相关者共商学校发展远景,并规划整体实施方案,齐心协力实现之。①

1. 校长应由课程管理者转变为课程领导者

不论是领导还是管理,都涉及权力和权威。传统的课程管理强调行政权力。校长有权指挥和支配教师,但校长的权力来源并非其本身

---

① 余进利. 校长课程领导:角色、困境与展望[J]. 课程·教材·教法,2004(6):7.

的能力和魅力，而是所在职位以及行政体系的支持。在这种行政体系里面，校长的行动范围、管理对象的行动范围、奖惩条例等都由制度规定。校长所要做的是指挥与监督，即使一个校长水平很差、指挥很不合理，教师也不得不听。因为如果教师不遵从校长的管理，将会遭受来自体制的惩罚；如果教师完全听从校长的建议而最终出现差错，教师也不需要承担过多的责任。于是，绝大多数教师都认为没有必要与校长"抗衡"，并在体制内"服服帖帖"地行事。在强大的科层管理体系中，普通教师无力与校长及其所在的体制抗衡。

如果说课程管理重视的是行政权力，那么课程领导重视的则是专业权威，其表现有三个方面：第一，当学校真正有了自己的课程以后，由于信息的不对称性，上级难以下达关于学校课程的具体指令，校长必须自己拿主意。第二，在执行上级命令时，也不能过于"忠实"，因为上级的命令必须经过"校本化"的过程才能促进本校课程的发展。实际上，"校本化"的过程就是学校用自己的办学理念和课程哲学去创造性地改进上级命令的过程。第三，校长要把课程当作自己的事业来看待，仅有来自体制的权力是不够的，他还必须拥有课程哲学和课程的专业智能。只有这样，校长才能引领课程按其内在的规律发展，成为课程专家。"在学校里，可以没有行政管理，但一定要有领导……对我们而言，领导意味着学术而不是权力，领导者就是一个知道如何帮助我们走出困境的人。"[①]

此外，有研究者曾提出有效课程领导的五个特征：①鼓励与促进成员之间的沟通，②建立积极而开放的学校氛围，③和教师同仁合

---

① SANDRA BLAKMAN. *Perspectives on the Humanities and School — based Curriculum Development. American Council of Learned Societies*，1994：17.

作，建立学校课程的标准，④以专业发展带动教师的成长，⑤以身作则成为教师同仁在课程领导方面的典范。① 其中，后三条都是针对校长的专业权威而言的。尽管校长可能是"被任命的领导者"，但作为课程领导者，校长应该努力成为一个"突出的领导者"。

从"行政权力"到"专业权威"，是就课程领导的特质而言的。"专业权威"对校长的课程领导提出了以下行动建议：一是校长必须成为课程专家，有自己的课程哲学、课程知识和课程技能。有研究者甚至认为，校长课程领导的核心是树立现代课程观。② 可见，成为课程专家对校长的课程领导至关重要。二是校长应成为专业的课程研究者，持续跟踪课程理论与实践的发展，不断更新与丰富自己的课程专业智能，不断更新自己的课程思想。三是校长必须保持开放的专业视界，了解理论的新发展，否则校长将会局限于个人既有的课程专业知识与技能，最终导致与时代落伍、与时代为敌。四是校长要充分利用专家资源。虽然课程领导需要校长成为课程专家，但事实上校长不可能通晓各个学科领域，所以校长还需要专家资源做支撑。③

总之，校长的课程领导力是领导者的核心要素，校长要想成功地实现高绩效的课程领导，必须加强课程理论的学习，增强课程领域的话语权，努力使自己成为课程领域的行家里手。"校长发展的最成熟的方式并不是听别人说好话，而是同别人分享自己掌握的知识，"为此，校长要从繁忙的行政事务中走出来，在行为上示范，努力实现从

---

① GLATTHORN ALLAN. *The Principal As CurriculumLeader. Thousand Oaks：Corwin Press，Inc.，*2000：72.

② 鲍东明．校长课程领导基本要素分析[J]．中国教育学刊，2012(4)：22-26.

③ 罗祖兵．试析校长课程理念的转变[J]．中国教育学刊，2013(03).

"事务型领导"向"学者型领导"的转变。

2. 校长应由课程执行者转变为课程创造者

传统的课程制定者主要是由国家、上级教育行政部门以及教育专家等来指定的。在这个过程当中，校长与教师只是教学计划、教学大纲以及教科书的被动执行者。对于他们来说，课程的设计和开发是一个新的课题。新课程确定了国家课程、地方课程和校本课程的三级课程管理模式，这意味着课程将不再是由国家统一来制订，校长与教师也被赋予了课程制订的权力，这样在一定程度上校长也成为课程的创造者。因此，校长要具有课程创造者的角色意识，带领大家积极开发校本课程，从中实现课程领导力的提升。

3. 校长应从课程权力的"独占者"转变为"分享者"

参与学校课程领导共同体的成员，不论职务高低、能力强弱、年龄大小，皆处于平等的地位，他们在平等协商的基础上，共同进行民主决策。林肯曾说过："真正的民主是不考虑人的肤色、出身以及其他类似条件的。"①在课程领导共同体内部，权力为全体成员所共享，任何一位成员都没有特权，校长、教师、学生、家长、社区人员及其他人员在课程知能及领导技能上的差异并不会导致他们在享有权力方面的差异。课程领导共同体内的任何一位成员都不能以任何方式控制其他成员，而只有通过互相尊重、互相谅解、互相容忍，与其他成员和谐共处，共同承担起学校课程领导的任务。

在课程管理中，尽管校长的权力也是有限的，但他通常会把这有限的权力无限化。课程权力有限性体现在校长并不能真正决定课程领

---

① [美]林肯. 林肯选集[M]. 朱曾汉，译. 北京：商务印书馆，1983：245.

域的重大事情，尤其是课程的发展方向、理念、结构等，校长能做的就是确保课程的顺利实施。校长的有限权力无限化是指校长独占学校课程实施的权力。教师在实施课程时，校长是至上权威，一切都要按校长的旨意行事。权力独占最终会导致教师工作被动、应付，校长反而还不知道是怎么回事。课程管理把"组织视为一个权力和信息集中于高层的等级体系。因此，一些首创性的好主意从这里传递到低一层次去落实"。①

与课程管理重视执行相反，课程领导具有以下组织特征：重视个人的思考，引导个体发挥才能和潜力；以组织目标为中心实施合作，使参与者积极奉献；使参与者认同、适应组织共同的价值和目标，并与个人目标形成联系。② 课程领导需要实现组织结构的变革。在课程领导中，"组织是一个合作性的、社团的甚至是协作的系统。在这样一个组织体系中，奇思妙想处处可见，只有当不同指挥管理层的领导能够充分发挥下属的才能，调动他们的积极性，这些奇思妙想才能显示其威力"。③因此，课程领导的组织体系应是自由的、民主的、开放的，体系里的每个教师都是具有创造力的主体，课程领导就是要使他们在分享决策权的基础上，进行纵横沟通以形成共同目标。同时，通过个体对共同目标的理解和体认，形成协同努力的发展机制。实现权力分享，既是调动下属积极性和创造性的好办法，也是强化责任和分享资源的好办法。

---

①③　欧文斯·罗伯特.教育组织行为学[M].窦卫霖，温建平，王越，译.华东师范大学出版社，2001：56.

②　靳玉乐，赵永勤.校本课程发展背景下的课程领导：理念与策略[J].课程·教材·教法，2004(2)：8-12.

美国课程专家兰姆博特（L. Lambert）认为，课程领导是"一个团体，而非个别的领导者（如校长），且组织内的每一个成员都有成为领导者的潜能和权利"，它"要求权利和权威的再分配，共同承担责任或共享学习"。① 从"权力独享"到"权力分享"，是就课程领导的组织而言的。"权力分享"的观点对校长课程领导提出以下行动建议：一是校长只决定课程领导领域中的重大事情，把握基本方向，属于教师专业领域的事就应该放手让教师自己去决定。二是在做重要的课程决定时，应该同学校课程委员会及教师充分商议，让教师"主动参与课程领导，通过民主参与和决策分享提高自身课程开发的能力"。② 若校长只在表面实行民主，即做决策前会征求下属和教师的建议，但最后的决定却没有体现这些建议，那么教师的参与热情将会逐渐消退。三是对自己没有把握的事，校长绝不应瞎指挥，应让专家、教师自己做决策。③

4. 校长应从"上级机构的办事员"转变为"学校课程的领航者"

许多研究者之所以对"课程领导"赏识有加，主要是因为传统的课程管理积弊难返。课程管理的基本假设是：为了保证目标的实现，管理必须科学化、规范化，校长必须按照上级的要求统一行动。但这使得学校过于被动，总是在接到上级命令后才开始行动，这是"外部驱动"的变革。课程管理将校长视为上级机构的办事员，而不是学校课程的领航者。课程领导与课程管理的本质区别在于，前者的目的是课程创造，后者则是课程执行。因此，课程领导强调"诉诸自身的创意

---

① LAMBERT L. *Building Leadership Capacity in Schools*［M］. Alexandria. VI：Association for Supervision and *Curriculum Development*，1988：5-9.

② 崔美虹. 县域课程领导实践研究［J］. 中国教育学刊，2012(6)：52-55.

③ 罗祖兵. 试析校长课程理念的转变［J］. 中国教育学刊，2013(03).

与创造力，自律地、自主地驱动组织本身""学校本身要把日常的课程实践活动作为自身的东西加以自主地、创造性地实施"。① 这就要求校长要主动谋划学校的课程改革，要积极制订课程愿景，实现学校课程改革的"自我驱动"。研究者指出，课程领导强调"做正确的事"，而不仅是"把事情做正确"。这意味着课程领导者要有自己的追求、主见和思考，而不只是遵从已有的规定和命令。当然，这并不是说在课程领导中不需要上级的规定，而是说校长要在没有违背规定的前提下，追求更有价值的事。这要求校长把学校课程的发展当作自己的事业，设法创造卓越的课程。

主动谋划是指校长作为课程领导者，应主动寻求机会以实现课程变革，其主要表现在两方面。一是校长要主动参与课程制订，影响上级的课程决策。在上级进行课程决策时，校长要以专业组织成员的身份进行调查研究，向课程决策机构陈述建议，必要时进行游说。美国专家建议，"校长必须积极主动地参与基础性课程文件的研制过程，而不仅仅是在这些文件完成后对它做出积极反应。此外，在州课程文件发布后，校长要履行评价者的角色"②。二是校长要主动谋求学校内部的课程发展。在实行三级课程管理体制以后，学校不仅需要开设国家课程、地方课程，更需要创造自己的课程。在这个过程中，校长应主动思考、积极行动，校长越主动把握时机，学校的课程就越能得到发展。

在课程管理中，学校就是"机器"；而在课程领导中，学校则是"有机体"和"人脑"。后者突出强调学校的依存性和自主性，其目的是

---

① 钟启泉．从"课程管理"到"课程领导"[J]．全球教育展望，2002(12)：24-28.

② GLATTHORN ALLAN. *The Principal As Curriculum Leader* [M]. Thousand Oaks：Corwin Press，Inc.，2000：33.

保存和加强学校的独特性、自纠性和更新性。从"被动应付"到"主动谋划",是就课程领导的状态而言的。"主动谋划"要求校长课程领导的行动做到以下几点:一是校长要善于思考,对于任何课程问题,校长都不应人云亦云,而应主动思考、主动研究,应该秉持"不经过自己思考的任何课程理论与问题,都不能轻易相信"的信念。二是校长要有主见,对课程有自己的理解与认识,有自己的课程哲学。三是校长要有"课程愿景",课程愿景是校长课程理念与学校实际相结合的产物,是对未来课程发展的一种理性期待,它对学校的课程改革具有重要的引领作用。①

5. 校长应从"规范命令者"转变为"鼓励启发者"

课程管理有着严格的制度与规范。管理过程就是通过制度与规范的制订、传达、执行、检查等来实现的。这些制度与规范通常由三部分构成,即应有的行为、不应有的行为及奖惩办法。制订明确的书面规章和程序以确定标准和指导行为是课程管理的基本做法,制订规章并通过规章来进行管理本身并没有问题,问题在于对规章的认识是否正确。在课程管理中,规章具有"绝对命令"的性质,是由"规律"派生出来的。对下属而言,只需执行,而无须探询原委,其目的在于把人们规约上"正确的"道路。在此,遵循规章意味着做规章许可之事。当所有教师都持这种想法且将之付诸行动时,就不会有超越规范的行为,当然也就难有创新,最终导致课程管理和课程实施的平庸局面。

校长对课程的领导同课程管理一样,要通过制订规章、召开会议、发布文件、现场指导、语言交谈等方式把自己的想法传达给下属

和教师，然后由下属与教师进行实践。然而与课程管理不同的是，在课程领导中，校长的指导不是规范性命令，而是"支持性"和"启发性"的言辞，其目的在于鼓励与启发教师。至于教师最终选择怎么做，做成什么样，应该由教师自己决定。因为教师是其执教课程的权威，对课程、学生和教学最有发言权。如果校长的领导和管理是规范性的、必须执行的命令，那么教师将失去自主性和创造性，最终导致课程专业性的丧失。

校长应该做一个为教学创造便利条件的人，而不是一个决定教学的人。在教学过程中，教师如果遇到困惑，校长可以随时为教师提供指导和帮助。但若无必要，校长就应该始终在幕后，做教师的坚强后盾。校长的作用就在于鼓励教师去探索、去试验，让教师看到自己的优势与缺陷，看到方向与出路。在此，"消极自由"理论对校长的课程领导具有重要的启示意义。英国著名思想家以赛亚·伯林（I. Berlin）认为，消极自由是"就没有人或人的群体干涉我的活动而言，我是自由的"。[①] 自由主义哲学家哈耶克（F. Hayek）对消极自由的解释是"自由是'一种人的状态'，'在此状态中，一些人对另一些人所施以的强制，在社会中被减至最小可能之限度'"[②]，或是"除规则所禁止的以外，一切事项都为许可"[③]的状态。故而，可简略地把消极自由概括为"除规则禁止以外都许可"的自由。在课程领导中，所有的规章、制度、指导都应该是消极自由式的，即除规定不能做的以外，其余的都

---

① ［英］以赛亚·伯林. 自由论［M］. 胡传胜，译. 南京：译林出版社，2011：170.

② ［英］哈耶克·弗里德利希. 自由秩序原理（上）［M］. 邓正来，译. 北京：生活·读书·新知三联书店，1997：3.

③ ［英］哈耶克·弗里德利希. 自由秩序原理（上）［M］. 邓正来，译. 北京：生活·读书·新知三联书店，1997：5.

应该是教师可以自由做的。只有这样，才能真正解放教师，才能真正释放教师的创造性。"课程领导"必须是"引导"教师做出高层次判断与"自我管理"，激励相关人员投入持续成长的生活方式[①]。校长的课程领导是探照灯，而不是导航器，其目的是照亮周围的道路，方便教师选择前进的方向，而不是规定前进的方向和方式。校长应该做教师课程意识的启蒙者，去唤醒教师的课程意识，并促进教师实现课程意识的转换。

从"规范命令"到"鼓励启发"，是就领导的方式而言的。"鼓励启发"对于校长课程领导的行动建议有以下几点：一是校长应该鼓励教师去做更卓越之事，而不应该只拘泥于规定做平常之事。二是校长在实际进行课程领导时都应该明确说明："我所表达的可能只是我个人的看法，并不一定正确。你们应该有自己的认识和看法。"三是学校的管理制度与规范应该着重强调禁止做的事，以便让教师真正拥有"消极自由"，让"基层智慧"拥有成长和发挥的空间。四是学校在制订规章时都应该明示："凡是本制度没有涉及的以及没有禁止的，都允许教师自由地去做。"因为校长课程领导不在于带领学校教师团队去做符合规定的事，而在于在没有违反规定的前提下做出更卓越的事。[②]

二、加强课程知识学习，提高课程专业素养

校长与其他的老师一样，凭着以往本科的专业知识，完成教育学院的师资训练，这些知识储备应付日常的教学工作已绰绰有余。一般情况下，校长通常具备多年的行政经验，可直接胜任。然而，世界改

---

① 钟启泉．从"课程管理"到"课程领导"[J]．全球教育展望，2002(12)：24-28．
② 罗祖兵．试析校长课程理念的转变[J]．中国教育学刊，2013(03)．

变了，校长如果只承担行政的责任，根本无法应付课程改革的要求。因此，校长必须不断地学习和探索才能与时俱进，才可以有效地带领学校发展。课程领导是一项专业性很强的工作，要想提升校长的课程领导力，仅靠一腔热情和行政领导经验不一定能把工作做好，而是要通过校长自身不断地进行课程知识的学习、实践和反思，才能够丰富课程领导的专业知识，提高课程专业的素养，最终提升课程的领导力。因此，从某种程度上来说，校长课程领导力的提升也就是校长专业成长的过程。

校长怎样才能提升他的课程知识和专业能力，通过哪些途径和方法才能提高其课程领导力呢？具体的方法和途径有以下几点。[①]

(一)自我学习

作为校长，需要葆有学习之心和学习之态，需要拥有学者之睿智。终身学习是其收获职业幸福的最佳方式。广泛地阅读课程教学方面的书籍可以使校长能够准确地把握课程改革的方向和宗旨，明确课程改革的目标和要求，领会课程改革的精神和实质，不断提高教师对课程实施的认同度和实施的积极性、主动性、针对性和科学性。所以，作为学校的课程领导者，校长要补充自己的课程专业知识，只有把自己先武装起来，才能更好地领导和指引教师。同时，还能够使校长从更广阔的视野反观教育，为学校教育找到更好的发展途径。

校长个人持续地学习是校长课程领导专业发展的一个重要的途径。如果校长不能不厌其烦地多进行学习，那么无论系统如何运作，

---

① 叶娅.角色理论视野下的校长课程领导力研究[D].郑州：河南大学，2013：29-30.

他们都不能成为推进改革的中流砥柱。① 事实上，由于传统课程管理思想的局限，校长绝大部分时间都在忙于学校日常事务，很少有时间自我学习。新课程改革、校本管理以及课程领导的角色，促使校长不得不持续地进行学习。因为要进行课程领导，校长不仅要具备原有的管理知识，还要具备课程领导、沟通艺术和人力资源开发等方面的知识。持续地自我学习，可以保障校长及时掌握与课程领导有关的知识和技能，更好地推进课程变革。

(二)自我反思

20世纪80年代，反思性教学理论与实践在西方发达国家兴起，在现代教学实践中已经被普遍接受。伯莱克认为："反思是立足于自我之外的批判地考察自己的行动与情境的能力。使用这种能力的目的是促进努力思考的职业知识而不是以习惯、传统或冲动的、简单的作用为基础的令人信服的行动。"②反思是校长专业发展、成功地实施课程领导和管理学校的重要因素，也是逐渐成为校长检视自我、课程改革和学校发展的法宝。校长在领导学校课程发展的过程中，要不断地进行教学反思，这样不仅可以提升自身的领导水平，增强自身的领导智慧，还可以使学校的课程发展获得新的动力。所以，校长要具有自我反思、反省的能力，必须自觉地跟上时代的步伐，走在时代的前列，在自己的学校管理中适应未来的变化并不断地创造未来。

---

① ［加］麦克尔·富兰.学校领导的道德使命［M］.中国教育科学研究所和加拿大多伦多国际学院组织翻译.北京：教育科学出版社，2005：21.

② 黄凤梅.认识专业化知识能力提高学校管理效能［EB/OL］.http://www.doc88.com/p－941592780652.html.2014-11-02.

1. 反思什么

反思又被称为反省，是自身对自己的道德、思想、价值观以及行为等进行回顾和思考，分析其成败得失。反思型校长应该比较善于依靠理智冷静的思考、评判的态度和方法，对学校课程领导的行为、过程、效果和其中的实际问题进行有目的的自我评判和解剖，并且能够对自己在具体课程领导过程中的决策、行为和由此产生的结果进行理性审视和分析。同时能够对先前的学校课程领导实践活动和经验教训进行客观分析、考量和评价，并通过自我学习以及与他人的合作交流、学习，制订出新的行动方案，并且探寻出课程领导的规律、转变思维及行为方式、改进学校领导的方式，进而达到既能提高校长自身课程领导水平、又能够提高校长课程领导力的效果。

2. 怎么反思

校长反思的方式主要有两种：自我反思和合作反思。自我反思是指校长自己根据课程领导过程中的问题自行进行收集信息，进行观察和思考，进而改进工作。主要针对的是自己工作的一些问题，对自己的言语、行为、决策和决策效果的反思，以便找到更好地解决问题或者工作的方式方法。合作反思，包括个人的合作反思，也包括与其他群体的集体反思。一般针对学校面临的共同的课程问题，与领导班子其他成员、与教师、与学生及其家长和专家等共同思考，可以是团队形式的，也可以是群体形式的集体思考。

3. 将反思的结果付诸实施

反思要在课程的实践中进行，实践性的反思对学校课程发展更有意义。反思必须遵循一般的获得真知的规律："实践——认知——再实践——再认知"的循环往复的过程。在校长成长的过程中，反思应该贯穿于整个过程中，一个反思过程的结束意味着下一个反思过程的开始：决策——实践——反思——调整决策——再实践——再反思。[①]"在这种众声喧哗、争论激烈的场域中，课程领导者需要具备许多的能力和技巧，但其中最重要的实际上是课程慎思的艺术。"[②]因而，校长加强课程反思能力，把一个集体的智慧融为一体，群策群力地解决课程领域中出现的诸多问题，以提高学校课程品质和学生的学习质量的过程，是一个真正把课程领导的理念贯穿于课程实践中的经历，这需要校长们在实践中不断地摸索，不断地去完善。

自我发展和自我超越意识是强烈的内部驱动力，也是反思性校长的动力。校长管理学校要永远保持积极进取的心态，要在反思中学习、在学习中反思，这样才能在发展与变革的激流中不断地修正学习的发展目标、自我调整文化结构、自我调控行为方式，从而适应变革，不断地提高自己的管理水平，否则就会被社会发展和竞争所淘汰。校长的自我反思、反省的过程，实质上是校长对自己的知识体系、管理经验和个人行为再认识、否定之否定和不断完善的过程。校长要勇于面对课改中的问题，勇于承担责任，积极反思自己的理念和行为，使其课程领导力在反思中得到提升。

(三)参与培训

我国的中小学校长大多数是从教师队伍中提拔上来的，他们往往是某一学科的教学专家或能手，但很少是课程领导专家。校长的专业

---

① 周成平.魅力校长的修炼[M].南京：江苏人民出版社，2007：253.
② 教育部师范司编.教师专业化的理论与实践[M].北京：人民教育出版社，2001：23.

化途径更多地依赖自己的教学实践经验与反思，从自己的体悟和感知出发，缺少扎实的教育科学理论的指导。特别是新课程改革以来，校长的课程领导力方面的不足日益明显，如上所述的"课程领导意识不足""课程开发和设计的能力不足""课程评价能力不强"等。因而，对这些课程意识和能力缺陷的克服，进行系统而科学的培训便成了校长的吁求与渴望。

虽然目前我们的教育行政机构对校长的培训投入很大，对校长们也进行过不止一轮的培训，但培训中对校长的课程专业智能和课程领导力的内容安排不能满足校长们的要求。因此，笔者建议改善思维方式是校长培训的核心，在校长的培训中应添加课程领导的专项内容，将培训的重点转移到领导理念与价值观的塑造以及现实问题的解决上，避免单纯的知识灌输和理论重复，告别过去单一呆板的培训形式，在真正意义上落实"专家引领、同伴互助、个人反思"的培训意涵，并将课程领导能力作为校长评价和考核的重要依据之一。具体可以这样操作：

一是培训对象分类。学校有中学、小学之分，中学有初中、高中之别。所以，校长培训也应该分层次进行，不能不分类别地对校长培训进行"一锅烩"。分门别类的校长培训可以更具有目的性。

二是培训形式灵活。专题报告与交流研讨、理论学习与案例分析、自主学习与导师指导相结合都是常用的培训形式。通过这些不同形式的培训，可以促进校长的专业精神、专业伦理、专业能力、专业智慧的提升；可以促使校长形成自己的专业角色意识，激发校长的职业热情与责任感。在此基础上，再通过个人的实践和反思，使自己真正成为一个变革时代的学校领导者。

三是培训内容多元。通过培训提升校长的课程领导力已经被证明是一种较为有效的方法。但在不少校长培训的过程中，很少涉及校长课程领导力提升的问题。所以，建议在校长培训中可以设置下列一些主题和内容：①课程领导的基本理论。其主题包括课程领导兴起的背景、校长课程领导的概念，校长课程领导任务和技巧。②教师专业发展与课程领导，其主题包括教师专业发展的模式、教师专业发展的取向、教师专业发展与课程领导的关系。③校长课程领导与校本课程开发，其主要内容包括校本课程开发的基本理论与实践，校长课程领导与校本课程开发的关系。④校长课程领导和课程评价。通过这些培训促进校长对课程领导整体观念的认识，增强领导意识，明确自己的领导角色。[①]

(四)走进课堂

要提升校长的课程领导力，自我学习、自我反思和参加校长培训这些途径和方法都是非常必要的，但仅仅依靠这些还是不够的，不管是课程领导力和是教学领导力，其落脚点还在课堂，校长的课程领导力在很大程度上是通过教师的课程教学情况反映出来的。所以，校长深入课堂听课、评课就显得非常必要了。

1. 校长应该以什么身份走进课堂

校长走进课堂有两种方式：一是直接走进课堂；二是间接走进课堂。直接走进课堂又可以分为直接承担教学任务，或者以学科教师的身份走进课堂。现在我国很多地方都对校长有明确的教学任务的要求

---

① 李朝晖. 校长课程培养的境遇与解决策略[J]. 全球教育展望，2006(6).

和规定，例如，深圳宝安区和广州天河区都规定：正职校长每周至少要上 3 节课；江西南昌西湖区规定校长每周必须上 2 节课；浙江绍兴市把该市所有校长领导的任课情况在网上公示，全市 300 余名校领导在哪个班级上课、讲授什么内容、一周多少课时都一一呈现。关于这一点也有不同的观点：校长听课比上课效益高。校长可以不上课但必须"常听课、会评课"。[①] 以笔者的观点，校长担不担课要看各个学校的具体情况。如果学校规模大，教师人数紧张，且财力有限，在这种情况下，校长应该承担一门课程，一是可以减轻教师繁重的课业压力，二是校长不与教学脱节。当然，如果校长以学科教师的身份进入课堂，校长的领导身份有可能会被淡化，这对被听课教师的压力相对会小一些。否则的话，教师的压力会很大，会更促使教师认真备课、上课，提高课堂教学质量。

　　校长间接走入课堂的形式有很多，如参加备课组的活动、参加教研组的活动、参加年级组的讨论以及参加项目组的研讨等。备课组、教研组、年级组和项目组是学校运作的基本形式。在这四种形式中，备课组和教研组更多地指向课堂教学，年级组更多地指向学校的德育工作，而项目组则随着项目的变化而变化，是动态的。这几种形式虽然并不是直接的课堂教学活动，但与课堂教学有着非常密切的关系，校长参加这些活动，可以站在不同的角度来思考课堂教学问题。由于校长身份特殊，参加这些活动时，最好要有恰当的定位，是以学校领导的身份参加，还是以成员的身份参加，所获取的信息和得到的启发是不一样的。在这几种形式中，校长最应该以成员的身份参加的是项

---

　　① 褚宏启.校长教学领导力的提升——从"大校长"该不该进"小课堂"谈起[J].中小学管理，2010(3).

目组的活动，因为每一个项目都有项目负责人，而作为校长，除非万不得已，一般情况下应该让学校的其他同志担任项目负责人，校长则以成员的身份参加项目组的研讨，他必须听从项目负责人的安排，这不仅有利于锻炼队伍，而且也可以营造民主、和谐的研讨氛围，对教师的专业成长是非常有利的。

2. 校长走进课堂应该做什么

校长走进课堂当然是要听课，但听课听什么，怎么听，这些应该与一般人听课有所不同。首先，校长听课应该重点听什么？当然，校长走进课堂要像常规的听课那样，要了解教学目标、教学方法和手段，了解教学效果等，但是作为一名校长，走进课堂最重要的还是要听教师是否把课程改革的理念贯彻到课堂之中，了解教师的专业水平存在哪些问题，了解学生的成长过程等。学校发展的核心理念、课程设计的核心理念、课堂教学的核心理念等，不仅仅是校长或者学校的主要领导的事情，还应该是全校教工的共同信念和行动指引。但现实情况是，校长大会小会讲这些问题，但教师在课堂上依然我行我素。这也提醒我们校长，好的理念要落到课堂，还有许多具体的工作要做，开会宣讲还只是处于最初的动员阶段。事实上，学校办学理念的形成应该是全校教职工共同研讨、共同策划、共同实践的结果。只有教师在内心深处真正认同了经过共同谈论形成的理念、政策和计划，他才会在自己的教学中真正去贯彻落实。任何教学改革都是有风险的，如果认识不统一，教师宁愿坚守原有的教学模式而不愿改变。

校园文化在课堂上能够听得出来吗？应该说至少在一定程度上是能够听得出来的。笔者曾经到一所城市小学听面向全国的公开展示课，因为是全国几所学校同台展示，几位教师教学的是"同课异构"的探索。上课过程中，因一位来自农村的教师普通话不是很标准，学生在课堂上有点儿起哄，有"嘲笑"这位老师的意味。这让听课的教师感受到这所学校并没有重视对学生进行"尊重他人、胸襟宽阔"以及基本的礼仪教育，或者说这些方面的教育效果并不令人满意。由此可见，从课堂上师生的一举一动、一言一行都能够反映出学校教育的问题。

其次，听什么课、听谁的课校长必定是有所选择的。无论是自己熟悉的学科还是不太了解的学科，无论是老教师的课还是新教师的课都应该听。作为校长，对听课应该有所计划和安排，在一个学期或一个学年听遍所有老师的课是一个最基本的安排，这是纵向的听课安排。从横向来看，也应该听听不同老师讲的同样的课。这样可以在多个方面进行比较、分析，从而帮助老师在教学水平上有更大的提高。同时，校长在听课的过程中，其课程领导力也会得到提升。

3. 校长听完课后应该怎样做

校长听完课后应该把听课的意见和建议反馈给老师，除非有特殊情况。但反馈的方式应该是有所考虑的。从反馈的范围来看，有个体反馈和集体反馈。集体反馈又可以分为小范围的，如备课组、教研组、年级组或项目组等，也可以是大范围的，如全校教师大会、大型研讨活动等。不管是个体反馈还是集体反馈，首先应该对教师值得肯定的地方进行肯定。日本东京大学的佐藤学教授倡导构筑"同僚性"的校本研修，"在研讨中，观摩者不是'对执教者建言'，而是阐释自己在观摩后'学到了什么'。通过交流心得来互相学习"。佐藤学教授的观点对于校长听课有很好的借鉴意义。

从反馈的时间来看，可以当堂反馈，也可以事后反馈。不过一般来说，除非特殊情况，校长最好是课后立即反馈。因为教师课后都急于想知道校长对自己课的评价和建议，特别是校长对自己的课的看法对教师更为重要。所以，如果校长能够立即反馈的话，其效果会更好。如果校长确实由于种种原因无法及时反馈，也应该向教师说明情况。

总之，听课的过程，也是校长了解教师的课程理念、了解课程实施和实践课程评价的过程，同时，也是自己课程领导力提升的过程。所以，校长无论行政事务有多忙，也一定要抽出时间深入课堂教学实践，这不仅对教师的教学工作进行督促和检查，同时也使自己在这个过程中有所收获和提高。①

三、提高课程规划、课程资源整合与开发的能力

新课程倡导三级课程管理，让学校获得了前所未有的课程权力和课程责任。然而，在新课程推行了十多年后的今日，有多少学校、在多大程度上行使了自己的课程权力，履行了自己的课程责任？现实的情况不容乐观。在学校层面的课程权责中，核心就是学校课程规划及其实施。

课程领导力的核心就是课程规划和课程开发和实施的能力。校长作为学校的领路人，是关键的课程领导者，校长要带领其团队因地制宜、与时俱进地规划学校课程的"全景"；在课程的规划、开发、实施与评价的具体事务中，更多地赋权于教师，激励教师自觉地、创造性地投入到课程实施的活动中，这就是"课程领导力"在校长和教师身上得以彰显的过程。正是基于这种认识。所以，要切实提升校长的课程

---

① 汪振兵. 校长如何走进课程[J]. 教育发展研究，2011(6)：82-83.

规划能力和课程开发能力。那么，如何做才能规划好学校的课程？做好课程规划的原则有哪些？怎样才能提高校长的课程领导力呢？

(一)课程愿景的制订

在由管理学大师彼得·德鲁克（Peter F. Drucker）主持召开的一个高级管理研讨会上，一位首席执行官文德鲁克问道："领导力是什么？"德鲁克回答道："领导力就是愿景（vision）。"它是一个可以预见的未来美好的情境，不仅描绘了令人瞩目的未来，还能够激发学校师生员工为实现这个目标而努力。一旦共同愿景得以确立，人们就能够不断优化自身，持续学习。愿景好比组织的旗帜和灵魂，像空气一样无处不在，笼罩在组织的上空，酿造出一种特别的氛围，产生聚沙成塔、万众一心的力量。而每一次课程改革都对学校的课程愿景产生巨大冲击，很多时候会使很多学校暂时迷失。

国外学者认为，学校课程愿景的确立，乃是学校课程发展的首要步骤。因为愿景本身具有"愿景驱动力"。学校课程愿景应当陈述学校课程未来的样貌，是学校关于课程创造的主张，是把学校全体成员的心和精神衔接起来的共同的价值观。而我国现实的情况是：多数学校没有体现新课程实施和开发的课程愿景。即便有，也是自上而下建构起来的，实行的是外控式管理，基本上属于操作管理范畴，课程改革要求校长领导团队从外控管理走向校本领导，从操作管理走向战略领导。战略领导包括操作管理，但更加注重领导的全局性和谋略。

学校课程发展愿景的规划主要依赖于校长的办学理念和教育哲学，但并不是由校长或少数几个人决定的，应该整合教师、家长、学生、社区群众的观点，通过真诚的沟通而达成共识，自下而上地建构起学校课程发展的规划。[①] 因此，在课程改革的过程中，根据课程改革的要求、教育教学本身的规律和学校实际，打造学校课程发展的愿景则是校长课程领导的第一要务。具体来说，学校课程愿景的打造可以从以下几个方面入手。

一是明确课程的本质和课程愿景的核心。每个学校应该根据自己的课程发展特点，制订学校的课程发展愿景。一般来说，一个成功的课程愿景应该具有三个关键因素：有意义的目的、明确的价值观和未来的蓝图，并且应该焦点鲜明、内容具体，让大家都能够领悟和认同。

二是愿景的建立过程和愿景目标的内容同样重要。让尽可能多的人员参与愿景的制订，这个过程本身就是一个宣传愿景、形成课程愿景认同感的很好的策略。

三是以朴实的语言描述愿景。愿景最好用师生认同的语言来描绘，如有可能，可以用他们自己的语言来说话。这样更能使他们相信，这个愿景是他们自己的，更能使大家产生认同感并为之奋斗。[②]

(二)校长课程规划领导力的提升

课程问题既是一个理论问题，也是一个技术问题，但首先它是一个实践问题。学校课程规划是指学校以本校为基础，对学校课程（包括国家课程、地方课程和学校自主开发的校本课程）的设计、实施与

---

① 孙向阳．校长课程领导力：从个力走向合力[J]．江西教育科研，2007(11)：104.

② 余进利．课程领导研究[M]．上海：上海教育出版社，2009：121-122.

评价等所做的整体性规划与安排。① 通过学校课程规划能够协调各种活动的形式，综合学校各种课程的功能，保障学校的课程与教学工作都围绕着学校的课程目标而展开，它是学校贯彻国家三级课程管理政策、校本化实施三级课程体制的基本纲领，是教师进行课程改革与实践的参照标准和学校进行课程与教学评价的重要依据。因此，学校课程规划实际上也是学校课程意识的整体体现和课程领导水平的衡量标志，可以说，校长引领学校课程规划的过程也就是实现其课程领导的过程。

校长在引领课程规划时应该坚持以下原则。一是基于政策，学校课程规划并不是指学校可以任意增删更改国家课程方案，学校课程规划具有很强的政策制约性，必须在政策允许的范围之内。二是基于学校，学校课程规划不能完全沿用国家或地方的课程方案，也不能照搬其他学校的课程规划，必须立足于本校实际，建立在学校的课程传统、已有的课程基础、学校在课程和教师方面的优势与不足、学校的愿景和使命、教师和学生课程需求的基础之上。三是基于研究，只有通过全面深入的研究才能找到政策与学校现实的结合点。四是基于对话，学校课程规划是民主决策的结果，必须以广泛的对话为基础，需要学校领导、教师、学生及家长、社区人士、专家等广泛深入的对话。② 基于上述原则，校长提高课程领导力的提升要从以下几方面着手。

1. 课程规划需要动员多方力量共同参与

亨德森（Henderson）和霍索恩（Hawthorne）认为，革新的课程领

①　靳玉乐，董小平．论学校课程的规划与实施[J]．西南大学学报，2007(5)．
②　崔允漷．没有课程规划就没有课程管理[N]．中国教育报，2012-09-14．

导的基本理念是，一切课程和教学的设计与落实，皆须考虑学生是否能从教育当中获致最佳的学习成果。学生的学习应该具有深思熟虑、多元智慧、多重素养、个人顿悟、社会合作、公平合理以及多元文化等性质。所以，革新的课程领导是一项由学生、教师、家长、学校行政人员以及小区领袖所组成的课程革新团队，共同参与课程革新的合作过程。

学校课程规划要成为学校组织中每个成员理性认同和自觉践行的"共同规约"，学校课程规划本质上应该是一个协同的过程，强调广泛参与，自下而上，责任分享。在这一过程中，学校管理人员、教师和学生等所有课程利益相关人员在平等的基础上，以学校课程规划作为一个公共课题，基于共同的需要、抱负、价值和信念，通过权利共享，参与讨论，发表建议，谋求共识并共同对课程实施的过程及结果负责，这一过程也是营造伙伴式团队文化的过程。学校层面上，课程领导的具体目标就是要求课程领导的权利与权威得到再分配，让更多长期处于被领导地位的一线教师被真正赋权，参与课程发展，觉醒其课程意识，与校长通力合作，并基于共同的理解与完全信任，分享教育任务，采取有效行动，共同营造一种合作、对话、反省和慎思的课程文化和组织团队。①

2. 课程规划需要从课程现状入手

学校课程规划是一项复杂的专业活动。在这个过程中，首先要在分析学校课程发展现状的基础上，明确学校课程发展的愿景和使命。学校课程发展现状是学校课程规划的基本立足点，了解学校课程发展

---

① 魏青云. 在课程规划中实现校长的课程领导[J]. 教学与管理，2011(6).

的基础、优势和薄弱环节，以及学校在课程发展过程中所面临的机遇和挑战，才能明确学校的应为与能为。课程愿景是课程规划中首先要回答的问题，课程规划中的其他行为都基于这一问题的解答。愿景渗透着学校的办学理念、目标、特色这些基本价值，正是这些基本价值指引着学校的课程规划及其实施，保证学校课程规划的长远性和方向性。

其次，学校课程规划的核心问题是我们"究竟需要怎样的学校课程"，这就需要对国家、地方、学校课程从提高课程适应性和资源整合出发进行课程方案的通盘设计和规划。当然，课程方案只是为课程实施提供了一个总的蓝图，学校课程规划更重要的是如何落实课程方案。因此，学校课程规划还应包括教学内容、教学方式和课程评价的改进、校本课程的实施、相关的组织机构和制度的建立以及教师专业发展等方面的内容。显然，学校课程规划几乎涉及学校课程发展的所有工作。

为了能够有效地引领学校的课程规划活动，校长个人必须进行持续的学习，从而具备必要的课程知识与清晰的课程发展概念，对这一过程中所遇到的具体问题也必然会进行研究、分析和解决，并努力为课程规划提供必要的支持与资源。所以，校长引领学校课程规划的过程正是一个学习、思考、探究的过程，是提高课程领导专业知能的过程。

3. 课程规划需要得到专家的支持

课程规划在理论研究与教育实践中虽然不是一个全新的问题，但学校课程规划在我国目前还是一个崭新的挑战。由于过去的基础教育中没有培育学校领导和教师课程意识的环境，也没有支持学校领导和教师课程领导能力发展的实践，而学校获得规划课程的权利的时间也不长，要求学校独立进行课程规划还存在诸多困难，在目前的学校课程规划实践中，寻求课程专家的合作与支持是非常必要的。专业力量的加盟可以为学校课程规划提供理论支撑和咨询服务，帮助解决学校课程规划中无法回避的理论性、技术性难题，确保学校获得更高品质的课程。① 所以，课程规划过程需要社区人士、家长代表等多方参与，共同合作，需要他们的理解与支持，特别是校外课程专家与学者的支持与帮助。

校长课程领导力非常重要的一个方面就是对课程的设计和开发，现在学校里的课程到底该如何设置？尤其是在国家规定的课程之外，如何开设拓展性课程，寻找自己的特色？对这个问题，某小学校长以自己的实践谈了体会：以前学校里开设了很多校本课程，比如经典诵读课程、小足球课程、剪纸课程、绘画课程等，可是尝试一段时间后，他发现除了经典诵读、小足球有点课程的模样外，其他像音乐、绘画、剪纸等课程，看上去更像是个课余兴趣班，远没有达到"课程"的要求。邀请专家指导后，他们确定了"走文武双全之路"的思路，重视经典诵读和小足球两个特色课程，同时新增了合唱课程、民俗课程等特色课程。"之所以开设民俗课程，是因为学校在义井路上，这条路是合肥市民俗文化一条街，正好可以将两者结合起来，每周都邀请民俗专家到学校去给学生讲课，带着孩子们去了解民俗文化。"② 所以，校本课程的开设，一定要结合本地的文化特色和校外可以利用的资

① 魏青云. 在课程规划中实现校长的课程领导[J]. 教学与管理，2011(6).

② 合肥市 300 名校长齐聚探讨如何提高校长"课程领导力"[EB/OL]，http://news.ifeng.com/gundong/detail_2012_10/11/18184628_0.shtml.

源，广泛征求专家的指导意见，这样才能使开设的校本课程更有生命力。

4.课程规划的具体模式

确定学校课程规划的依据和规划内容的设计都需要依靠一定的策略，这就涉及学校课程规划的模式问题。根据不同学校的人力、物力和财力，通常可以在以下三种模式中做出选择。

一是学校课程规划的内生模式。该模式的基本含义就是在充分了解学校基本状况的基础上，通过探索和创新来生成学校独特的课程规划，其基本环节包括：组织构建——收集资料——确定目标——构建预方案——进行审核——修改方案——描述方案。在这个模式中，学校需要依次完成的系列性工作包括：①建立以校长、教导主任、骨干教师和教育专家为主体的学校课程规划团队；收集课程开发所需要的各种资料，如课程政策、课程资料、学情资料、社区（或社会）资料、教师资料等，并分类整理；②确定学校的课程目标，构建校本化的课程标准；③根据校本化的课程标准进一步补充和充实先前的各种资料；④构建学校课程的预方案，如课程设置的方案、课时安排的方案、课程开发的方案、课程实施的方案、课程评价的方案以及完善课程的方案；⑤把课程方案移交全校教职员工进行审核、评价，课程规划在广泛听取大众的意见后着手修改各种方案并再次移交教师代表审核；⑥以学校行政公文的方式下达执行。

二是学校课程规划的外引模式。该模式主要通过引进其他学校的课程规划方案来构建本校的课程规划。其基本环节有：收集方案——构建审议团队——形成筛选标准——方案评价——初次筛选——方案补充——描述方案。学校需要做的具体工作包括：①尽可能多地收集同类学校的课程规划方案，并按照不同的风格或特点进行分类；②建立以校长、教导主任和骨干教师为主体的课程规划团队负责对规划方案进行评审；③根据学校的办学目标和学情等制订筛选课程规划方案的标准，再根据所制订的标准对收集的课程规划方案进行逐个评审；④选择比较适合学校实际的课程规划方案并送交教师代表大会进行审议，然后根据审议的结果对课程规划方案做出进一步的修改；⑤用简明扼要而又准确的语言对各种方案进行描述，并根据需要下达给不同的主体去执行。

三是学校课程规划的分化模式。该模式主要指学校将课程分为多个模块，如基础性课程、拓展型课程和研究性课程①，然后根据学校的实际情况使一部分模块的课程规划由学校自主生成，而另一部分模块的课程规划借鉴于其他的学校。其基本环节包括：收集资料——模块分化——模块借鉴与生成——方案整合——集体审议——描述方案。若采用这个模式，学校需要：①广泛地收集资料，包括学校的人力与物力资源、课程政策、同级学校的课程规划方案等；②进行课程模块的划分，一方面，课程模块的划分要能体现学校课程规划的总体目标和学校在课程规划方面的优势，另一方面，课程模块的划分要能充分利用同级学校的优秀方案；③根据对本校的优劣势的分析确定学校自主生成和需要从外校借鉴课程规划的课程模块，并着手方案的生成或筛选工作；④对校内外的课程规划方案进行调整，使其内部一致；⑤送交教师大会进行审议，根据审议结果提出修改意见；⑥对方

---

① 杨明华，郭金华．加强学校课程领导的思考与实践[C]．课程理论发展与实践进展——第五次全国课程学术研讨会论集，2006：448．

案进行修改，并用准确的语言予以描述以作为学校课程事务的行动指南。①

当然，一所学校要制订科学合理的课程规划，也需要有软件和硬件的条件保障。一是学校相关人员的课程素养和学校领导团队的课程意识、课程领导力，这些因素将从根本上决定学校课程规划的适当性和水平。其中，教师作为学校课程规划的重要参与者和执行者，其课程素养也十分关键。当然，就目前而言，许多学校可能难以独自进行课程规划。在这种情况下，寻求"专业合作者"的支持就非常关键。二是建立地方一级的课程审议机制，地方教育当局应承担起课程管理的责任，组建课程委员会，定期对所辖学校的课程规划方案进行集体审议，并反馈审议意见。只有这样，学校课程规划的质量才能得到有效的保障。②

(三)课程资源开发领导力的提升

作为校长，相对于行政管理能力来说，对校内外课程资源的开发与整合的领导力普遍不足。而课程资源开发与整合领导力的提升又是新课程改革对校长的必然要求。我国现在实行的是国家课程、地方课程和校本课程三级课程制度，其中，地方课程和校本课程自然需要校长领导教师团队进行深入研究和开发，而即便是国家课程，也需要各个学校根据自己的具体情况进行校本化处理。所以，三级课程制度对学校的校长和教师提出了更高的要求。不再是单纯的课程执行者，更

---

① 靳玉乐，董小平．论学校课程的规划与实施[D]．西南大学学报(社会科学版)2007(5)：111-112.

② 崔允漷．没有课程规划就没有课程管理[N]．中国教育报，2012：914.

需要相应地承担起课程变革的责任，成为课程的领导者。很显然，课程开发能力也就成为对校长课程领导力考量的维度之一。让课程体现出学校办学的特色，是校长课程领导力的必然选择；让课程适应每个学生个性化发展的需要，是校长课程领导力的目标追求。

校长要通过自我学习和实践锻炼使自己的课程资源开发与整合能力得以提升。在新课程改革中，要求校长必须动员一切能量，整合校内课程资源，并积极争取和获得校外资源，开发出具有本地特色的校本课程，使学生的学习内容和效果得到扩大和提高。国家课程在解决课程统一性与基础性方面起着决定性的作用。而校本课程则是为尊重学校师生的独特性和差异性，体现学校的办学特色，满足学生个性化发展的需求而开发的课程。校长在保证开足国家、地方课程外，应当建构适合本校的校本课程，以凸显学校的办学特色。

1. 分析社区因素

校本课程只有立足社区的实情，才有长久的生命力。学生的独特性和差异性往往受社区的民风民俗、历史文化、自然资源、家长文化背景等因素影响。因此，校长领导课程建设时，应深入分析社区因素。例如：偏僻的农村学校不能赶时髦，将三维动画设计作为校本课程开发。而福建厦门鼓浪屿小学把钢琴课程作为校本课程不仅不会让人觉得奢侈，还会感到这样才与鼓浪屿作为钢琴之岛的称号匹配。

南京玄武区处于城乡接合部的十三中红山校区，从 2009 年开始提炼办学理念，2010 年多方寻找专业支持，2011 年开始构建课程体系，2012 年开始完善课程体系，用了将近 4 年时间，建立起了有自己学校特色的课程体系。这个用"立交桥"命名的课程体系，体现了层次性、多元化、可选择、能融通的特点，包括了基础型、拓展型、探究型三种不同类型的课程，开发出了一系列令人耳目一新的课程。课程建设的深入推进让这所学校的教学质量稳步提升，社会美誉度越来越好。"用课程建设统领学校方方面面的工作，改变了我们对办学校的认识。课程建设这两年，学校先后有 5 位教师成功围绕课程建设立项省市级课题。数学组、英语组因为课程建设方面的突出表现，荣获市先进教研组。"校长程晓江说起学校的课程规划与建设过程有些兴奋。与这所学校一样，全区所有中小学都有着凝聚着自己学校办学理念与理想的课程，如十三中的"树魂课程"、南京师范大学附属小学的"三色课程"、小营小学的"班本课程"、玄武高级中学的"风范教育课程"等，虽然课程名称各不相同，但都体现着一个共同点，那就是更加关注人的发展，更加关注学校办学理念与课程的结合，更加关注国家课程与学校课程的有机整合，努力形成学校自己的课程体系。[①]

2. 分析学校自身因素

从某种意义上说，课程是学校的产品，开发课程就是开发产品，所以，校本课程的开发要基于学生的兴趣和发展需要，注重学生的独特性和差异性，不断地开发出新的课程、新的产品，进而形成自己的办学特色。南京某实验小学提出"紧扣学校文化内涵，以课程丰富特色"。为此，学校紧扣"童话校园、品质家园"的办学目标和"品质教育"内涵，依托学校核心理念"童真"，构建了学校《童话》"一主两翼＋综合"的校本课程体系。即以车模课程为主，阅读"马拉松"和传统书法教育为两翼，整合与少年宫合办的舞蹈、声乐以及学校"品质社团"开设的校本课程。并始终坚持校本课程的开发关注以下三点：第一，

---

① 赵晓雅. 课程规划：引领学校办学水平提升[N]. 中国教育报，2013-05-10.

课程设计来源于学生的生活；第二，课程名称设计"儿童化"，如儿童阅读"马拉松"、"呱呱叫"童话英语、写字断位等；第三，课程设计分项目、分阶段。①

此外，校长还要考虑教师资源和满足课程需要的教学资源。因此，在校本课程开发过程中要注意平衡学校的各种因素。为此，校长不仅要整合和利用学校的硬件条件，还要从学校的软环境寻找突破口，形成有利于校本课程实施的教学环境，创设良好的学校氛围，优化组合教师资源，形成教师合力与优势。

3. 校长与教师共同建构校本方案

校长在分析社区、学校诸因素的基础上，要与骨干教师一起，共同研究构建校本课程框架，提出学校课程发展的方案，同时听取社区代表的意见。福建厦门汀溪中学是一所农村初中校，该校将硬笔书法作为校本课程。学校聘请了厦门市心理学会笔迹专家作为该校的兼职指导教师。专家依据心理学原理，分析学生的性格特征，选取适合于不同性格学生的练字帖。学校力图通过开发这样的校本课程，一方面提高学生的书写水平，另一方面培养学生的良好性格。全校遴选了40多种字帖，编辑成书，满足不同性格学生的书法练习需要。在计算机打字流行的今天，厦门汀溪中学能立足农村实际，开设人人都能学会学好的硬笔书法校本课程，反映了校长和教师对三级课程内涵的准确把握。②

在学校课程建设的过程中，校长和教师都改变了课程观念，南京某中学校长在两年多的课程建设实践中感触颇深："过去教师们都认

---

① 唐德海．校长课程领导力考量的两个维度[J]．现代中小学管理，2013(1)：74.
② 杨立国．校长课程领导力建设：从观念到行动[J]．中小学管理，2009(9)：33.

为课程是遥远的，与自己没什么关系，教师只是执行者，但是学校的课程规划让教师真正变成了创造者与执行者二者合一的角色。"玄武区进修学校某教研室主任也这样认为，现在的教研员的工作视角，已经从打开课堂到拓展课程，从过去的学科教学引领到现在的课程引领。如围绕如何开发地方课程，全区数学学科进行了数学与生活的课程开发，而语文则进行了美诗文阅读与创作的地方课程研究。秋季开学后，教研员们也会引导教师从课程的角度研读教材变化，看国家课程如何实施，学科课程如何规划。几年前，一说到校本课程，许多学校会说我们有校本教材，那时大家更关注的是物化的成果。但现在，一说到校体课程，学校会说我们规划了学校的课程体系，会认识到课程是为了促进学生发展、教师发展和学校发展。玄武区进修学校副校长丁青认为，经过课程规划的制订与实施，学校对课程目标的认识更加明晰，课程开发越来越关注人与自然、人与社会、人与自我的关系，在这一过程中也更加关注教师的创造力，提升了整个学校的课程意识与建设能力。①

　　学校在整合与开发课程资源的基础上，必须保障课程得以有效地实施，其基础是开足、开齐、开好各门课程。校长既要有严格执行课程计划的意志，对考试课程与非考试课程、必修课程与选修课程一视同仁，更要具有合理调配学校内外的教育资源、合理分配师资力量、合理组织教学、教研活动和合理评价课堂教学质量的能力。只有如此，校长才能驾驭复杂的，甚至有时是无法预测的教育教学活动，保障课程目标不偏向。

---

① 赵小雅. 课程规划引领学校办学水平提升[N]. 中国教育报，2013-05-10.

(四)健全学校的课程组织机构

1. 建立课程开发机构

著名课程论专家施瓦布认为,课程开发是慎思的过程,因而他建议,学校应该成立相应的机构进行课程研究。作为一校之长,应该积极地设计与变革学校的组织结构,改革学校传统的教导处、总务处等中层机构设置,单独设立或在教导处下面增设并完善课程研究开发室、课程实施管理室、课程质量评估室等机构,组织学校领导成员建立"学校课程开发委员会",负责统筹、规划、指导学校的课程开发工作,为学校课程开发提供组织保障。"学校课程开发委员会"可以由校长、教师、学生、学生家长、课程专家、社会人士等组成,校长出任主任委员。同时,成立学校课程开发指导小组,提供课程开发的专业支持,组织课程开发专业指导小组专家对课程开发中的问题开展经常性的研究,及时指导并解决课程开发中的问题。可创办课程开发网站,介绍课程开发的基础知识和技能,以及国内外的课程开发案例,探讨课程开发中出现的问题。[①]

课程开发机构能够使得课程改革者有了一定的组织归属感,他们可以在这个组织中发出自己的声音并进行积极的探索。课程开发组织的成立也会唤起学校成员专业发展的需要,以此为契机,还可以举办一些本校的教师培训活动,譬如,为了使教师领会课程改革的理念,把握新课程的精神,可邀请课程研究的知名专家学者到校讲学,并对学校的课程开发工作进行指导等。

---

① 张世钦.校长课程领导的研究[J].中国民族教育,2013(4):13.

2. 创建协商、理解、共赢的课程共同体

有效实施校长的课程领导，避免课程领导成为校长孤独、寂寞的旅程，需创建协商、理解、共赢的课程共同体。课程专家乔治·A·比彻姆认为，参加课程决策的人应该包括专业人员、团体代表（专业人士和一些任课教师）、专职人员、非专业的市民代表和学生。[①] 校长应该团结多种力量，引导他们参与到课改中来，组建一个团结协作的课程共同体。在新课改背景下，校长要突破以往传统的管理模式，把教师和学生纳入课程领导中来，在学校内部建立起课程领导共同体，让他们更多地了解课改，积极投身于课程改革。校长作为学校的关键人物和领导者，应该为教师和学生创造良好的工作环境和氛围，调动教师们的积极性，关注教师们的专业成长，多与教师沟通与交流，有利于学校的发展和课改的有效实施。

课程共同体即课程的审议、决策与实施的主体。为保证课程领导的民主性，课程共同体的成员范围越广、视野越丰富且越具有代表性越好。但是，"校长、教师、学生"三种视野应当永远处于课程共同体的核心，唯有如此，方能保证课程改革的道德性。我国第八次课程改革采用了"国家、地方、学校三级课程管理"，这就意味着我们要完善国家、地方、学校三类"课程共同体"，创造彼此间有效、良性互动的机制。

课程共同体的建设需要移植审议文化。所谓审议，就是通过广泛的民主参与，对一个实践性问题产生尽可能多的行动方案，经过缜密思考、仔细权衡，选择最好的或最适合的行动方案。诚如美国资深课

---

① 乔治·A·比彻姆．课程理论[M]．黄明皖，译．北京：人民教育出版社，1989：139．

程专家施瓦布所言，解决实践性问题的方法既不是演绎的，也不是归纳的，而是审议的，不是选择正确的方案，而是选择最好的方案，因为不存在"正确的方案"。

这种审议文化在西方发展得极为完备，而在我国则相对薄弱。结合学校实际，校长适时移植审议文化是走向开放的课程共同体的重要途径。审议既会话，课程审议的过程即是课程共同体成员通过平等会话而解决课程问题的过程。不同成员从不同视野提出对问题的看法和解决问题的可能方案，经过充分会话而达成共识，这就是审议。审议即研究，审议即问题解决，审议文化即是一种探究文化。课程共同体以课程协商替代行政指令，要求多元诉求的呼唤，要求多种声音的交响，要求尊重每个声音的价值。[①] 所以，审议制是促进学校课程改革走向深入的一种很好的方式，也是值得校长借鉴和采用的一种推动学校课程改革的民主方式。

四、校长课程实施领导力的提升

在课程实施的场域中，校长的课程领导主要体现在对课程实施过程的监控。适度的监控可以提高课程实施的效率，保证课程发展的一致性，使校长更多地参与课程活动，做课程的实践者、探索者、先行者和示范者。校长要成功地领导课程实施，须有以下几方面的行动。

(一)校长要唤醒教师的课程意识，恪守课程与教学的融合

教师课程意识的转变是校长课程领导中最大的问题和困难。因

---

① 陈明宏. 校长课程领导的研究[D]. 上海：华东师范大学，2009：156.

此，培植教师的课程意识显得异常重要。在特定的社会文化背景中，人们形成了自己独特的信念和思想，无论人们是否意识到，它都在影响着人们的行动。正如吉布森（Gibson）认为的那样，社会群体的成员拥有的信念和态度代表了他们的文化传统，又体现于他们的活动中。[①]教师的课程意识必然影响着校长的课程领导。因此，培植教师的课程意识，特别是教师的课程领导意识，充分发挥其作用是非常必要的。

增强教师的课程领导意识，关注教师的专业发展是促成课改成功的关键因素。随着课程改革的不断推进，新课程对教师的专业知识和能力等各个方面提出了更高的要求。在课堂教学层面，教师是课程实施的核心，除了学校组织统一的教师培训之外，作为课程领导者的校长应该协助搭建教师发展的平台，鼓励他们进行教学反思，探索新的教学方法及教学策略，鼓励教师发挥特长优势，开发教师潜能，重视教师的价值。[②]当然，作为一名中小学教师，也应该主动地通过多种方式提高自身的课程能力，尤其是通过课程专业知识的学习、教学方式的优化等来提高教学效果。实力相当的学校之间也可以通过举办教学比赛的方式来促进教师的专业发展。

另外，在教育实践过程中，一些校长和教师还不能正确处理课程与教学的关系，这种状况会直接影响教学效果。华东师范大学的钟启泉教授认为，课程与教学研究的四大缺陷之一，就是课程研究和教学研究相互隔离的现象比较严重，缺乏课程与教学一体化研究。如果课程与教学永远处于分离状态，教师的课程意识就永远不能予以唤醒或

---

① Gibson，S &. Dembo，M. H.（1984）. *Teacher efficacy：a construct validation* [J]. Journal of Educational psychology，76(4).

② 曹爱芹. 高中校长课程领导研究[D]. 兰州：西北师范大学，2007：63.

催生，那么，教学就永远只能是照本宣科式的知识灌输，而不是一种对话的过程、一种灵性的旅程。这样的话，课程与教学就无法走向融合，教师的课程意识就永受物蔽。课程与教学不是控制与被控制的关系，也不是主从关系，更无先后之分。它们是一个同一的过程，教学是课程的展开，课程在教学中生成。唯有还原二者的本初，方可真正落实校长的课程领导。

根据研究者的调查，在为数不少的校长的头脑中，凯洛夫教育思想依然是根深蒂固，传统的目标模式仍然大行其道，67.3％的被调查者不能辨析课程与教学之间的关系。究其原因，是因为我国长期以来，课程与教学彼此分离，课程由国家和专家制订，只需校长执行，教学则由教师完成，二者是两个不同的过程。然而，课程专家施瓦布(Schwab. J. J)在其《实践的课程范式视野》中明确提出，"教师即课程"和"学生即课程"两个经典命题。"教师即课程"意指教师不是孤立于课程之外，而是课程的有机构成部分、课程的创造者、课程的主体。这与传统的目标模式根本不同。在传统的目标模式中，课程按规定的目标编写，教师按规定的目标来实施课程，因而教师被目标所控制，教师被排斥在课程之外，缺乏课程意识与主体性，只能奴性地在课程目标之后亦步亦趋。①

要解决上述问题，就一定要唤醒教师的课程意识，让教师直接参与课程的规划、设计和制订，把教师对课程的认识融入课程之中，真正实现课程与教学的融合，这样教师才能真正地理解课程，才能在教学中自如地、深刻地、透彻地讲解课程，从而提高教师的课堂教学水

---

① 张华，石伟平，马庆发．课程流派研究［M］．济南：山东教育出版社，2000：236.

平，使学生真正从课程改革中受益。

(二)校长要走近教师，零距离对接课程实践

正如苏霍姆林斯基所说："经验证明，听课和分析课是校长的一项极为重要的工作。只有当学校领导人掌握了足够的事实和进行了足够的观察时，才能在教学领域里达到工作的高质量。经常听课和分析课的校长，才能了解学校里在做些什么。"①课堂是课程实施的主要阵地，课堂教学是课程实施的主要途径，课堂教学的效果直接影响着新的课程方案的执行。因此，苏霍姆林斯基认为校长应走近教师、走进教室、踏入课堂，他视听课和分析课为校长工作的重中之重，他白天亲自上课、听课并与授课教师交谈，参加学生的集体活动。苏霍姆林斯基之所以能成为伟大的教育实践家与教育理论家，之所以能引领帕夫雷什中学走向世界，与他一生勤于思考、不断探索、始终没有离开教育教学第一线分不开。

今天正在实施课程领导的校长，比照前辈圣贤的亲力亲为，还能拿"会议多、工作忙"作为自己远离课堂的托词吗？校长只有走进课堂，才能深入了解教师的课程执行力，把握全校教师的教学状况，才能对课程领导有真正的发言权。如厦门一所中学的校长，给自己定下了听课制度，每周一、三、五上午的第一和第二节课都在各个教室听课。② 凡有成就的校长都非常关注课堂教学。校长只有身体力行地与教师一起备课、说课、听课、评课，方能准确把握课程发展的整体情

---

① 苏霍姆林斯基.给教师的建议[D].杜殿坤，译.教育科学出版社，1984：427.
② 杨立国.校长的课程领导力建设：从观念到行动[J].中小学管理，2009(9)：33.

况，方能发现遭遇的问题并探索解决问题的途径，方能给教师以心理上的支持与行动上的示范，方能促进教师的专业成长与教学方式的改变，方能将个别教师的经验化为集体的智慧，方能让教师直接体察校长的决策思想和智慧光辉，方能真正与课程同行。[①] 只有校长对"课"进行深思熟虑的分析，才能使课堂教学得到不断的改进，才能提高整个教育过程的水平，继而提高自己的课程领导能力。

(三)校长要关注课程实施的全程

校长在课程领导上要关注教师课程实施的全程，特别要注意教师课前备课和课后的交流和反思。要组织好集体备课，首先要建设开放的学校文化，让每个教师都有广阔的胸怀、互助的精神。例如，福建云霄实验小学教学设施相对落后，教室没有多媒体设备，也没有教学投影仪。低年级每班 90 多人，高年级也在 70 人以上。笔者曾听过该班的一节语文常态课，整节课 40 分钟，全面体现了以教师为主导、学生为主体的教学理念，不以教师的讲解代替学生的阅读体验。笔者做过统计，整节课提问 65 次，只有 3 次提问了相同的学生，体现了面向全体、关注每一位学生的课程理念。并且教师每次提问都能叫出学生名字。每个听课的校长都感叹云霄实验小学不仅教学理念先进，课堂教学质量也很高。课后交流发现这的确是一节常态课，各个班级的教学进度一样，教学内容一致，甚至连教学的流程设计、问题提示也几乎相同，这就是集体备课、校本研修的结果，这是学校开放文化的集中表现。校长在领导课程时还要注重课后的深化。[②]

---

① 陈明宏. 校长课程领导的研究[D]. 上海：华东师范大学，2007：164-166.
② 杨立国. 校长的课程领导力建设：从观念到行动[J]. 中小学管理，2009(9)：35.

当然，我们的平时的教学评价时也会发现这样一些非常规现象：一些教学能力相对较强的老师，他所教的学生的考试成绩并不是最好的。其原因在于这些教师在课后对学生的辅导、督促和作业的批改等工作不是特别重视。所以，校长应建立起一套规章制度，规范教师在课后对学生学习和作业的指导，并在校园网上公布教师批改作业的情况，敦促教师重视这一教学环节。

五、校长课程评价领导力的提高

与传统的课程评价不同，革新的课程评价所包含的内容远远超出了对学生成绩的单一评价。它意味着更深入地挖掘课程的本质与质量，进而可以为持续进行的课程设计、课程规划和课程实施提供支持。亨德森（Henderson）和霍索恩（Hawthorne）认为，课程评价的方法取决于教育者如何回答如下五个重要问题：①谁来决定评估的内容？由教育行政官员还是学校的领导和教师，还是学生和家长。②需要回答什么问题？比如，教师的策略能否把学生引导到解决复杂问题的过程中？用什么方法可以引导学生参与到课程活动中去。③如何收集和分析数据？是采访教师，还是去观察课堂。④解释和判断数据的标准是什么？是通过材料的实用性，还是内容的真实性。⑤谁来分析数据、做出判断，并应用判断的结果？由教师或者家长，还是其他人员。

亨德森（Henderson）和霍索恩（Hawthorne）还指出，革新的教育者对这些问题的回答采取革新的方法。① 对于"谁来做评估决策"，他

---

① ［美］詹姆士・G・亨德森，理查德・D・霍索恩. 革新的课程领导［M］. 志平，等译. 杭州：浙江教育出版社，2005：128.

们认为学生、教师、行政官员、家长和社区人士都是积极的评估参与者。对于"需要回答什么问题",他们认为评估问题的焦点在于课程计划与课程实践的质量、学生学校生活的质量以及学生学习的质量。对于"如何收集和分析数据",他们认为评价者使用定性和定量的探究形式来获取有关课程工作和学生学习的数据,如学生的个人档案、学生访谈、教师和家长的团体焦点访谈、教师和学生的日志和日记、第三访观察、学生出勤记录和学生的成绩测验结果等。

对于"解释和判断数据的标准",他们认为包括技术指标,如平衡、清晰性、效率和效果等;教学标准,如发展的恰当性、涉及复杂的创造性思维的程度、解决问题和参与式活动、合作学习的机会等;批判性指标,如所有学生的可达到性、无歧视性等。对于"谁来分析数据、做出判断,并应用判断的结果",他们认为每一位参与课程设计与规划的人都应该参与分析和判断数据。正如亨德森和霍索恩所指出的,革新的课程领导应包括革新的课程评价,而革新的课程评价则包括了找出反省思考的时间、确认持续努力的历程。因此,对学校课程领导者而言,欲带领学校教师工作团队发展课程,并使学校转型为具有竞争优势的组织,必须依靠学校本位课程的发展,而从事学校本位课程发展的课程领导者实施的策略之一即包括持续地进行课程与教学的评价、回馈与校正。所以,评价是最重要的课程领导行为之一。①

评价不只是一个结果,更是一个动态的过程。评价不只是发生在考试中或课堂上,而是应贯穿于日常的教学生活中。评价的设计要具有真实性和情境性,便于学生形成对现实生活的领悟、理解和创造

---

① 夏禄祥. 论校长课程领导力的提升[D]. 郑州:河南大学,2008:69-70.

力，使评价者能从学生的实际情况出发进行合理、客观的评价。评价要结合学生的实际情况和能力，兼顾目标的切适性和超越性。学生是具有差异的个体，评价不能用同样的标准去衡量所有的学生，而应该以动态的标准不断激励学生，让所有的学生都渴望进步、树立信心、体验成功。这种评价理念隐含的是对学生个体差异的理解和对多元文化的认同。人性化的评价伦理是评价的理想追求，是对"真实"与"公平"的日益趋进。[①]

六、校长要寻找课程领导的同行者

在校长的课程领导力中，校长个人的能力固然重要，但如果他在课程活动中过分看重自己的能力，过分展示自己的才华和能力，没有给同行者留下能力发挥的空间，这样就难以赢得同行者，从而也就丧失了其课程领导力。课程领导是一项综合的、全面的系统工程，是一个需要多方力量支持的较为复杂的过程，它不能仅仅靠校长一个人来完成，校长课程领导需要同行者，也必须要有同行者。从这个意义上说，校长课程领导力是校长与追随者、支持者相互作用的合力，是校长与追随者、支持者为实现共同的课程目标而迸发的一种思想与行为的能力。用公式表示：

校长的课程领导力＝校长的个人能力＋同行者的能力－阻力。

在上面的公式里，校长的课程领导力是一种合力，校长的个人能

---

① 　陈明宏．校长课程领导的研究[D]．上海：华东师范大学，2007：168-169．

力是指校长在课程活动中凝聚人心的能力。校长凝聚人心的能力越强，同行者的能力便发挥得越好，合力也就越大，反之则越小。阻力是指在课程活动中阻碍合力发挥的不和谐因素，既有组织外部力量的干扰，也有组织内部人为的因素。因此，校长课程领导力的发挥主要是围绕着发掘同行者潜在的课程能力，吸引更多的追随者，同时不断克服前进道路上的各种困难和阻力而进行的。我们可以将校长课程领导能力与校长课程领导力的关系比喻为火柴与柴草的关系。火柴虽小，却能使柴草燃成熊熊火焰，这是火柴的主要价值。因此，在课程活动中，校长的真正价值不是展示自己课程的专业技能，而应是像火柴一样，为组织提供"火种"，激发课程成员的潜在能力，这正是校长课程领导力的价值所在。

(一)让教师成为课程领导的主力军

课程改革需要利益相关人员和组织的合力支持，这个支持系统的成员包括大至国家，小至每一个学生。其中，最关键的是学校的领导者，尤其是校长和教师。归根结底，学校和教师才是课程领导的根本所在，课程改革的效果如何都要最终体现为学校领导者和教师的所想所为。校长无论多么有天赋，一个人都不可能单独胜任课程领导工作，因为没有一个人具备课程领导的全部技能，也不会拥有课程领导的所有智慧。唯一可行的是创建一个领导力互相补充的课程领导团队。所以，学校应成立包括校长、教师、学生代表、家长、课程专家学者以及社区人士等共同组成的课程领导小组，共同制订适合学校本土情况的课程发展目标，界定课程领导的工作范围和职能。

在具体的工作过程中，应使这一系统的全体成员共同参与，团结协作。校长要有意识地打破教师在传统教学中"单兵作战"的局面，创建学习型团队。同时，为了推进课堂层面的教师合作，应强调不同学科教师间的交流和切磋，定期举办说课、观摩课及学术沙龙活动等。这对于学校层面的课程变革具有重要的意义。因为这样可以使课程改革者有了组织，他们可以在这个组织中发出自己的声音并进行积极的课程探索。需要注意的是，校长应当对团队成员充分授权，让他们像专家一样工作，不仅让他们为解决课程问题而负责，而且让他们为获得持续的进步而进行不断地研究。这样即使校长不在时，他们也能兼顾各方，独立思考并勇于承担责任，而且他们也会成为学校课程理念的"传教士"。这时的校长类似于"乐队"的指挥，是教师中的"首席"。①

　　校长课程领导的最终目的和归宿应是促进学生的发展，而学生的发展只有通过与其关系最为密切的教师来实现。所以，教师的特殊身份就决定了教师对于课程领导的独特意义和对课程、学生发展所起到的重要作用。那么，怎样才能使教师在课程改革中最大限度地发挥其作用呢？也就是说，给予教师怎样的支持才能保证教师更好地发挥其作用？在课程变革中，要想使教师的作用得到最大程度的发挥，就必须在心理上和物质上对教师进行支持。校长所要做的就是在教师面临困难或困惑时，提供最大程度的支持和帮助。

　　1. 行政上的支持

　　和谐有序的环境给学校带来和平的景象，也使各项工作开展得有条不紊，因此可以提高教师参与课程变革的热情。但也有研究表明，控制过于严格的学校秩序，不利于教师对新思想的接纳。也就是说，

---

　　①　孙向阳. 校长课程领导力：从个力走向合力[J]. 江西教育科研，2007(11)：105.

校长的课程领导需要关注学校的工作秩序，但是不能过于严格，尤其是不能给教师造成心理上的压力，对于教师敢于发表自己的见解并依照自己的见解进行积极尝试的做法应该给予鼓励。行政上的支持可以体现在以下几个方面。

第一，要构建组织的行动规范。要想使组织成员之间能够团结协作，仅仅有道德价值是不够的，必须建立明确的行动规范。这种规范可以使组织成员明白自己所承担的义务以及自己的权利，明白可以做什么以及为什么可以这样做。在很多规范不明确的情况下，人们不知道如何做才合适，这样，不良的竞争、投机取巧现象就容易产生，教师之间的误会也因此而增加。所以，学校要设定清晰的组织制度。

第二，创建一个一致的、清晰的制度环境，让教师明白什么是应该做的，什么是不能做的，学校提倡什么，反对什么。要改进学校的评价体系，使之尽量和课程变革的要求保持一致，让真正的课程变革者受到应有的回报和奖励，也在专业方面留出一定空间，鼓励和赋权于教师及其组织，让他们积极去尝试和冒险。要让广大教师充分认识到，当今的教育改革，将是一种常态，而不是当下一时的事情。让教师要有这个心理准备，积极培育自己的课程领导和变革的能力。

第三，让教师参与课程领导，优化课程本身。他们可以贡献他们的实践知识，以确认哪些计划在课堂里是切实可行的，哪些是不可行的，从而提高课程的适切性。几乎所有的研究结果都表明，教师在一定程度上参与课程的领导工作，不仅会影响到课程设计的结果，而且也会影响课程实施的进程，从而影响到学生的学习结果。① 管理学泰

---

① 魏青云.课程能力：教师参与课程发展中的一个迫切问题[J].教育理论与实践，2005(11).

斗阿尔弗雷德·钱德勒曾经说过："结构追随战略。"所以，校长需要根据学校课程愿景重新设计课程发展所需的结构，这样的组织结构体系应当基于超越学生、超越社会的期望水平来设计，体现服务学生和社会的目的。

东北师大附小曾成功地对学校组织结构进行演化，即把传统的正三角形结构转化成倒三角形，学生和教师处于倒三角形的顶端，而校长课程领导团队处于三角形的底端。这样的方式向大家传递着重要的心理效应，即位于三角形顶端的教师和学生是最重要的，校长和他的团队的职责就是支持顶端的人物。据此，学校建立起扁平化、水平的课程领导组织，校长课程领导小组中的成员大多都是各专题（项目）小组的组长，每个组长领导的成员基本上都在 10 人以上，组长因人数较多而不得不放弃管理而进行领导，项目小组中成员的称谓也就变成了"同事"。这种水平化的少层级的领导模式带来的明显好处是，成员们感觉到他们是愿景良好的组织中有价值的一员，他们由于处在一个彼此间相互理解的氛围中发挥集体智慧，从而使个体及群体都得到发展。[①]

第四，让学年组长参与学校课程领导，使得校长的课程领导、部门的课程领导、学科的课程领导、学年的课程领导、教师的课程领导形成"学校课程领导共同体"。这个共同体的理念从过去强调以校长为唯一的课程领导者的控制到以校本管理、团队合作、协同决策为主要特点、模式的转变。这种性质的课程领导更强调授权赋能和参与式领导，更重视团队的力量，教师、学生、家长和其他人员皆涉入不同层

---

① 王廷波．学年组长课程领导的行动与反思[J]．中国教育学刊，2009(9)：57-58.

面的领导。"学校课程领导共同体"理念为学年组长实现专业成长提供了沃土。学年组长在年组的课程发展中得以发挥作用的一个大前提是学校一定要认同其角色。校长固然是课程领导者，但校长不能兼顾所有的事情。校长应该将一定的课程规划实施的重任交给学年组长，然后给予持续不断的大力支持。学年组长承担起课程领导的使命，单靠个人的单打独斗很难做好课程领导工作，如一个人的单学科背景很难做好各个学科之间的协调工作，组织各个学科的教师形成合作团体是开展工作很好的着力点。校长课程领导所扮演的角色是为整所学校年度课程发展提供方向性指针。①

　　一位小学的年级组长这样说：小学教育管理是以学年为单位设立学年组，由学年组长担负学年组的组织管理工作。而长期以来，学年组长从本质上来说是一个游离于课程领导之外的群体，他们更多的是负责学年组的组织协调工作，较少参与学校和学年组的课程领导。这种游离对于学校特别是校长的课程领导作用与教师整体发展来说是十分不利的。学校课程改进的一切都是以人为基本改变单位的，任何改进工作如果得不到人的真正参与，没有真正的内在转化和改变，没有人感染其他人的氛围和关系，这种改进只能是短暂和表面的。对于一般学校而言，仅让校长以及中层干部去改变所有教师是非常困难的。组长作为学校领导阶层和一线教师的中介群体，必须担当起这样的使命，而不是仅仅将自己框定于年级组内日常工作协调的狭窄范围之内。

　　第五，校长要尽量避免学校受外部因素的干扰。抵挡社会和教育

---

① 王廷波．学年组长课程领导的行动与反思[J]．中国教育学刊，2009(9)：57-58.

当局对教师的不利影响，趋利避害是学校课程领导在与社会打交道时需要注意的重要问题。在实践中，不少学校领导不仅没有有效地避免一些有碍学校课程发展的东西，反而为了一些自己或者学校的虚名而给教师带来很多麻烦和压力。比如，一些学校课程领导热衷于上级领导的检查，把很多活动都办在自己学校，花费了教师大量的精力和时间，让本来就很紧张的工作更加紧张。这些也给教师造成了很大的压力。面对课程改革，教师需要有更多的时间学习，需要更多的时间备课，更多的时间辅导学生，这对于本来工作负担就已经沉重的教师来说更是雪上加霜。这样一来，教师对课程改革的抗拒就是自然而然的事情了。所以，要减轻教师的负担，让他们专心于课程教学，少让他们应付各种各样的活动就是学校对教师的最大的支持。

所以，在课程规划、开发、实施与评价的具体事务上，校长可以赋予教师及其组织更多的"实权"，激励教师自觉地、创造性地投入课程的开发和实施的活动之中。正是基于这种认识，我们应该提倡每一所学校、每一个校长、每一个教师都应该提升课程领导力。如果我们把课程作为学生学习生活的全部，那么提升课程领导力就是所有教育者的责任。校长对课程领导的责任并不只是要教导、指导教师，更重要的是要重视在教师之间分享教学经验。在此过程中，要重视彼此的关系与相互的信任，期待通过教学的实践与叙说，激发并延续对教育的热情，使彼此更能承担责任，更有力量，更有勇气。这就是教师课程领导的内涵所在。教师要承担课程领导的责任，还需具备一定的潜在特质，如具备课程与教学的专业知识，了解学生的发展与学习，善于沟通，富有责任感，具有解决问题与处理冲突的能力，深受他人的信任等。①

2. 课程与教学上的支持

课程改革原本需要政府提供相应的财政支持。实际上，很多中小学除了较低的教师工资以外，拿不到政府补贴的教育经费。教师在课程改革中，虽然付出的比平时要多得多，而个人却没有任何物质方面的收益。所以，教师对课程改革的积极性可想而知。在这种财政资源严重匮乏的情况下，学校课程领导更需要花大力气做好对教师的支持和服务工作。要对学校的课程实施状况和课程资源进行彻底的清查，弄清楚学校在实施课程变革方面具有哪些内在的优势和劣势，具有哪些外在的机会和挑战，这为课程实施中的资源分配打下了理性的基础。

我们国内对课程资源的讨论有一个很重要的趋势，就是在课程资源不足的情况下，积极进行资源的发现和创造。首先，"教师就是最大的课程资源"，一方面教师本身所具有的素质就是很好的课程资源；另一方面也要提升教师发现和创造资源的意识和能力，如有不少教师有效地利用身边的资源为课堂教学服务。其次，积极利用"民间资源"，也就是关注当地一些缄默的、隐性的人文和物质资源，把它们引入课程之中。比如不少学校在校本课程中，注意发现和运用当地的风俗文化。还有一些山区的体育教师，在缺乏体育器材的情况下，有效地利用山区自有的资源，变废为宝，如用树木代替爬竿，用环行山路代替跑道等，有效地开展新课程改革所要求的体育活动。此外，教师也可以利用社区资源、网络资源和海外资源，结合学校的特色来开

---

① 郑东辉. 教师课程领导的角色与任务探析［J］. 课程·教材·教法，2007，27（04）.

发校本的课程资源等。以上见解都为我们创造性地利用课程资源提供了有益的参考。①

3. 文化氛围上的支持

良好的学校文化和人际环境是对教师做好工作的最有力的支持。作为一名校长，一定要重视在教师之间建立一个人际关系融洽、具有团结协作精神的学习型组织或机构，这对于激发教师的工作积极性、促进教师对课程变革的认同、缓解教师的工作压力、提高课程改革效能有重要的促进作用。也就是说，校长要在学校构建一个开放的、能够传递正能量的、支持性的学校文化环境，让教师在这样一个充满心理安全感的氛围中愉快地工作。为此，校长应该采取如下措施。

首先，要构建一个开放的、支持性的学校氛围。第一，在学校课程事务上建立民主政治，也就是说要赋权于教师参与课程讨论与决策。赋权使教师有了平等对话和交流的机会，使教师在课程实施过程中真正成为课程的改革者而不是被迫实施课程的"局外人"。学校课程领导首先需要做的就是要能够真正与教师进行权力分享而不是权力控制。第二，还要注意增加教师的专业对话机会，进行组织重构，为教师提供一个参与课程决策的机构和平台。让教师们认识到课程决策是一个复杂的活动，要通过反复思考和批判才能做出决定。只有让教师畅所欲言，才能不断地把大家的思维引向深处，发现课程的价值和意义。

其次，注重组织间的信息沟通。校长要用各种方式使教师团体或组织之间彼此增加了解，比如提供给他们相互沟通的机会，学习彼此

---

① 于泽元. 课程变革与学校课程领导[M]. 重庆：重庆大学出版社，2006：261.

之间好的教学理念、方法等。教师组织（比如说同学科教师组、年级组、同教研组）之间的良好的信息沟通，不仅可以相互学习好的教学经验，而且还可以及时消除一些误解。所以，沟通是促进教师课程教学的有效手段。①

总之，校长要在行政、课程与教学和文化氛围等方面给教师提供有力的支持，创造条件让教师成为课程改革的主力军，从而推动课程改革深入进行。

（二）让学生成为课程领导的参与者

在当前我国课程改革的背景下，教师的课程领导力已经越来越被重视已是毋庸置疑的事实，而对学生参与课程领导仍重视不足，正如艾伦·C·奥恩斯坦和费朗西斯·P·汉金斯（Allan C. Ornstein & Francis P. Hunkins)指出，如果我们打算在课程过程中授权给教师，那么我们也要在与学生年龄相适应的程序上授权给他们，使其能控制自己的学习。如果课程的确是衍生于参与者的对话之中的，我们就不能将学生拒绝于这场对话之外②。所以，校长和教师要转变学生参与课程领导的相关理念，使学生真正成为课程领导的参与者。参与课程领导是将课程权利赋予学生的真正体现，也是学生参与课程变革的重要途径之一，为了有效实现学生参与课程领导，可采取以下策略。

---

① 于泽元. 课程变革与学校课程领导[M]. 重庆：重庆大学出版社，2006：262-263.

② 艾伦·C·奥恩斯坦，费朗西斯·P·汉金斯. 课程：基础、原理和问题[M]. 柯森，译. 南京：江苏教育出版社，2002：241.

1. 校长要转变课程领导理念，定位自身角色

为了促进学生的学习和成长，使得学生成为某种意义上的领导，必须转型课程领导。转型领导是领导者以前瞻性的愿景以及个人魅力来激发学校成员的潜在动力，这是提升其价值水平、帮助成员不断学习与成长的领导模式。[①] 转型的课程领导是一种民主的领导，其中，成人(诸如课程专家、行政官员、校长等)观念的转变是关键，成人的赋权是学生参与课程领导的前提条件，成人要从之前的自上而下的领导观转化为合作、分享、民主的领导观。实行转型的课程领导观需要关注一些基本理念，如在学校课程的设计、开发、实施和评价中要积极寻求学生的广泛参与，与学生们进行充分的交流；应对学生参与课程领导抱有信心，相信他们有能力参与，并在必要的时候加以合理的引导；在课程领导过程中，校长应该广泛吸纳学生的合理建议，尊重学生的首创精神，在公开公正参与的同时，坚持以理服人、以德服人。

对于学生来说，要勇于参与课程领导，合理定位自身角色。要认识到争取自身的主体地位和相应的合法权利并不是在和成人(课程领导者)争夺参与权，而是在维护自己的合法权益。

2. 校长要为学生参与不同层级的课程领导创造条件

学生有效地参与不同层级的课程领导合情合理，但在不同的层面，如国家、地方和学校等，学生的参与状况不尽相同。在中央层面，尽管学生参与课程领导的权力极其有限，然而，我们也不能忽视它的重要性。为此，我们要有意识地为学生创造参与的条件。众所周

---

① 坎宁安，等.教育管理：基于问题的方法[M].赵中建，等译.南京：江苏教育出版社，2002：183.

知，尽管法国是中央集权制国家，但它的课程决策却有较多的自由。其课程标准由国民教育部"学校教育总局"制订，并报"国民教育最高审议会"审定，审议会构成人员相当广泛，包括官员、专家学者、教师、家长、团体代表、学生会及工会团体代表。[①] 我国学者周洪宇在2007年全国"两会"上的提案《关于成立教育政策咨询委员会的建议》认为，教育政策咨询委员会的成员应包括与教育有关的各方人士，如教育部官员、教育专家、大中小学校长、家长和学生代表等，人员可专职和兼职相结合，其他各级层次的教育咨询委员会也可参照组成。

我国尽管在政策上已打破国家课程一统天下的局面，但还未形成一种学生参与的制度，人们很难在中央层面课程决策中听到学生的声音。所以，加强制度建设是保证学生参与中央层次课程领导的保障，如学生的建议权和类似西方国家的听证会制度等都将使课程领导决策民主性增强，减少新课程方案实施的阻力，提高课程领导的透明度，并激发学生参与课程领导的积极性。

在学校层面，学生可以以合作者身份参与学校课程的方方面面，即对课程目标、课程内容、课程方法及课程设置的科目等进行讨论。在美国，学生领导权的实现有一定的组织依托，学校委员会或者学校董事会是最普遍的保证学生决策权的组织，目的在于尽可能广泛地征求社会各界意见，以保证学校课程领导的民主性和科学性。比如，佛罗里达州代德县的学校理事会由校长、教师、学生和学生家长代表等构成，有的学校理事会成员高达30人，学校的发展规划、考试方案及课程材料选择都由学校理事会批准通过。不过，一般而言，学生参

---

① 李宝庆. 学生参与课程决策[J]. 全球教育展望，2009(10)：29.

与课程领导是衍生的而非绝对的，高级权力机构既然可以赋予学生以特权，也可以取消这种特权。[①]　那么，在我们的学校层面，学生的课程领导力怎样实现呢？

（1）让学生成为课程资源开发的参与者

长期以来，我国中小学课程改革主要依靠少数专家特别是学科专家和校长及教师。由他们开发的课程并不能很好地反映不同地区、学校和学生的差异性与多样性。虽然教材是教学内容的重要载体，但是教材的开发和利用不能仅仅局限于学科知识，不应该忽视学生的经验。虽然教师是课程资源开发和课程实施的主体之一，但课程资源的利用与开发最终是为了学生受益。所以，学生更有权参与课程改革。在课程资源开发的过程中，让学生参与其中，充分表达自己对课程内容的需求，这样开发出的课程更受学生欢迎，其教学效果肯定也会很好。现在大多数教师对学生的培养基本上还是重知识的学习、轻能力的锻炼，学生的创新意识淡薄、依赖性强，这种现状就更加需要鼓励学生在有效利用开发课程资源方面扮演一个积极主动的角色。让学生参与课程资源开发与利用有利于提升其课程意识并促成其积极主动的课程行为，成为有效的学习者、研究者和实践者。

当然，让学生参与课程领导不免会让人们有这样的疑虑：学生只是一个处于成长中的、各方面潜质还有待发展的未成年人，他们是否有在课程开发中发挥积极作用的能力呢？这是决定学生能否参与课程资源利用与开发的关键性问题。现有的研究结论对这个问题的回答是肯定的。桑克森（Thorkildsen，T.）的研究表明，即使是很小的儿童，

---

① 李宝庆. 论学生参与课程领导[J]. 教育探索，2013(7)：22-23.

也对班级建设、课堂活动、学生评价等学校生活的重要方面有着比较成熟的看法，这些看法极大地影响了学生的学习动机。[①] 因此，即使是年龄较小的学生也可以作为课程领导中起到一定的作用。而对于中学生乃至大学生，他们已经有自己的思想和将其付诸实施的能力。所以，校长不应低估学生的能力，应该赋权给他们，让他们参与课程资源开发活动，从而在校本资源开发中发挥重要作用。

（2）让学生成为课程决策的参与者

在课程决策的过程中，学校领导也要注重收集学生的意见，可以通过选拔学生代表，让他们以答辩的方式阐述自身对于课程决策的看法。通过这种方式，不仅可以丰富校长课程领导的角色主体，还能锻炼学生的能力。学生参与课程决策不但会使课程建立在他们真实需要的基础上，而且会令他们体会到，课程不是外部强加给他们的、在别人的控制下被动接受的东西，而是他们参与创造的，是"我们的课程"，而不是"他们的课程"，从而增强对课程的自主感和拥有感，进而提高参与的动机。不过在实践中，教师有时会对学生是否有意愿、有能力参与课程决策持怀疑态度，这种怀疑的态度通常不是能说服的，需要试验验证，而结果往往是"你给学生一个机会，他会还你一个惊喜"。

（3）让学生成为课程实施的参与者

关于课程实施，更离不开学生的反馈意见和要求了。传统的课堂教学决策通常是教师的独角戏，即使在决策中考虑学生的情况，也往往是在学生"不在场"的情况下，基于对学生的了解为学生代言。但事

---

① Thorkildsen, T. What is Fair? Children's Critiques of Practice that Influence Motivation. *Journal of Educational Psychology*, 1994, 86(4): 475, 486.

实上，任何描述他人的话语都不可避免地浸入了描述者的价值和立场。当我们试图"以学生为主体"说话时，实际上，在这个学生主体中已经掺杂了"我们的主体性"；或者用后结构主义的术语说，我们一直在参与学生主体的构建。因此，教育者们所谓"从学生的立场出发""站在学生的角度"等总是有局限性的。可能的解决办法是允许学生自己说，与教师一起就课程的目标、内容、组织进行协商，使课程成为教师和学生的共同创造。

一位任教初一语文的 W 老师说，她也曾尝试在课堂上给予学生更多的参与机会，可学生却往往沉默以对。她认为还是学生没有想法才导致这样的结果；我们则认为，是学生长期在教师高度控制下学习形成的惯习阻碍了学生的参与。最后我们决定通过实践验证一下，即在课堂上给学生更大的自主决策权，看看能否促进学生的参与。W 老师选择了一篇反映父女情的文章《爸爸的花儿落了》，设计并实施了这样一堂课：首先由学生在预习中就课文自由提出自己感兴趣的问题，并相互讨论加以概括，课堂上 W 老师首先将学生们提出的问题及概括的结果通过课件上呈现出来，共计 13 个小问题，4 个大问题，还在每个问题后面附上提出者的名字。整节课就围绕这些问题的解决展开。前 3 个大问题通过小组合作解决，第 4 个问题由全班集体讨论解决。整堂课学生参与积极、气氛活跃。据 W 老师课后讲，学生的很多想法是她原来没想到的，有些学生的理解甚至比她自己还要深，最令她印象深刻的是，在这节课上，无论是高质量的提问，还是精彩的回答，不少是班上成绩最差的，甚至被测查为"弱智"的学生提出来的。① 可见，充分调动学生参与课程实施的积极性，会得到意想不到的效果。

（4）让学生成为课程的评价者

戴维·米德伍德（D. Middlewood）指出，学生参与课程评价的原因在于：只有学生才能告诉他们体验到的课程的实际情况怎么样；学生能够就他们在学校所接受到的体验提供有建设性的反馈意见，吸收学生参与评价也存在着很强的道德层面的考虑，有助于学生形成主人翁意识。② 学生作为课程变革的利益主体，作为课程教学的接受者，有权力对课程教学、课程内容和课程实施方法进行评价。学生对课程的客观评价有助于教师改进课程教学内容和方法，从而提高教学质量和水平。

总而言之，在课程领导共同体中，每一个人的意见都是不可忽视的。校长的领导力就充分地体现在"责任分摊，权力分流"上。只有各股力量团结一致形成合力，校长的课程领导力的效果才能最大化。

（三）让家长和社区成为课程领导的同行者

要想实现校长课程领导效果最大化，除了尽可能地凝聚校内力量，减少内部阻力外，还要尽可能地消除外部阻力。对于校外而言，要积极争取上级教育行政部门的全面性、一致性的支持，处理好上级行政部门对课程实施的共性要求和学校个性发展的关系。要与社区与家长委员会进行有效沟通，并在如何进行课程发展上达成共识。因此，校长绝不能充当课程变革路上的独行侠，而一定要联系多种力

---

① 刘宇. 学生的课程参与：内涵、条件与策略[J]. 课程·教材·教法，2012(7)：15.
② 李宝庆，樊亚峤. 学生参与课程变革探析[J]. 现代教育管理，2012(1)：72.

量，让他们都积极参与到课程领导中来。

1. 引导家长间接、直接地参与课程活动

根据有关专家的研究，影响学生课程参与的不仅是学校、课堂环境，而且还包括学生的同伴群体和家长的参与。马克斯（Msrks，H. M.）对小学学生课程参与的家长支持界定为两个因素：家长参与学校工作和学生与家长讨论学习内容；在中学阶段，除这两个因素外，还包括学生和家长讨论学校课程和考试。马克斯的研究表明，家长对子女的学校管理及子女的学习的参与状况对于中小学生的课程参与有显著影响。[1]

在新课程改革中，家长的理解和支持也是促进学生课程参与的重要影响因素之一。学生课程参与作为新课程变革的有机组成部分，将使学生的课程学习发生不同于传统课堂的重大变化，这离不开家长在理念上的理解认可，也需要家长行动上的协助。学校、教师需要在这方面对家长加强引导。例如，可通过向家长开放参与式的课堂，帮助他们直观感受学生参与课程活动下课堂的变化和学生的变化，了解自己的孩子参与课堂的情况，并与教师一起引导学生更好地参与课程活动。同时，家长也需要了解学校或孩子所在班级的课程计划，有意识地在家庭教育、社会活动中渗透、拓展其中的相关内容，使学生在参与课程活动前储备更多的参与"资本"，在课程活动后，能对所学内容进行补充、巩固、拓展或应用。

例如，某小学 X 老师班上的外来务工人员子女超过 90％。这些

---

① Marks H M. Student Engagement in Instructional Activity: Patterns in the Elementary, Middle, and High School Years. *American Educational Research Journal*, 2000, 37(1): 153-184.

孩子的家长或因为忙碌，或因为缺乏能力，不能监督、引导学生完成在家的一些练习作业。而这是学生课堂参与的一个很重要的延伸，反过来也会影响学生课堂参与的质量，最终影响他们的学业水平。老师要求学生回家做的书面作业还都能够完成，但一些朗读背诵的内容通常就不做了。迫于无奈，X老师只好要求学生每天背给她听。她认为五年级孩子本不该这样了，但因为家庭的原因又只能"降低要求"。Z老师班上有些学生的家长是做小生意的，平时进货出货，确实很忙，这些孩子往往就处于"无人管的状态"。因为缺乏来自家庭的必要支持，原本成绩不佳的他们与别的同学的差距越拉越大，始终处于课堂参与的"边缘人"。①

可见，家长参与学校的课程领导，不仅体现在家长直接对学校的课程有发言权，而且还体现在家长对孩子课程学习的支持程度上。对于文化水平较高、有能力参与课程设置和评价的家长，学校也应该重视他们在校本课程开发过程中的作用。因此，学校要采取以下措施：一方面，要积极采纳来自家长合理的校本课程开发建议，并做到及时反馈。另一方面，要使一些家长接受已经形成的新的校本课程。校本课程开发要全方面考虑各种因素，校长要激发家长参与校本课程开发的积极性，鼓励家长搜集本土文化资源，丰富课程内容。把一些学历高、参与学校课程改革积极性高的骨干型家长组成家长团队，发挥他们在校本课程建设中的重要作用。而对于文化水平低的家长，学校要做一些工作，动员他们根据自己的能力多关注自己孩子的学习，力所能及地督促孩子完成老师布置的任务。

---

① 刘宇. 学生的课程参与：内涵、条件与策略[J]. 课程·教材·教法，2012(7)：16.

2. 挖掘社区的资源优势

不同的社区都不同程度地具有一定的教学资源。从培养人才的素质的角度来看，社区资源在人才培养中的重要性应当受到学校和校长的充分重视，努力使其成为校本课程开发的重要来源。社区资源应包括以下几种。

(1)乡土资源

乡土资源主要是指学校所在社区的自然生态和文化生态方面的资源，包括乡土地理、民风民俗、传统文化、生产及生活经验等。利用这一资源，一方面可以让学生了解家乡的概况，如地理位置、面积大小、地形地貌、山川河流、人口多少、聚居民族、行政区划、风景名胜、文化古迹等；另一方面，也让学生了解家乡悠久的历史、独特的地方文化，感受浓厚的地方特色，如风土人情、民间组织、本地文化等。这不仅弘扬了传统文化，而且开拓了学生的眼界，同时还有利于培养学生的人文素质和热爱家乡的情感。

(2)经济资源

经济资源主要是指学校所在社区的经济发展方面的资源，包括本地经济发展水平，工农业企业、优势产业在全国的地位，优势产业的发展历史和发展方向等。利用这一资源，让学生了解到自己所处社区的实际发展状况，对于其养成良好的生活习惯、确立自己的发展目标具有重要的作用。

(3)设施资源

设施资源主要是指学校所在社区具有教育意义的设施方面的资源，包括图书馆、科技馆、文化宫、烈士陵园、博物馆等。利用这一资源，能够培养学生获取信息的基本技能和动手实践的能力，加强学生对学校内教学科目，如科学、自然、地理等课程的直观和形象的理解，为正式的课程教学提供强有力的支持。[①]

总之，学校要积极争取课程专家及学者的专业引领，与大学及地方研究所建立基于伙伴关系的学校课程变革模式。同时，还要着力建立学校与社区、家长的对话，合作机制，争取社区、家长的支持，发展新课程公共关系；广泛宣传开设新课程的目的和意义，更新教职工观念，树立"一切为了学生发展"的理念；组织教职工建立新课程开发的导向机制、自我约束机制和督评机制，引发教师的内在动力，让教师根据学校的新课程规划和任务，自主制订开发计划，实施自我控制，实现自我管理，达到自我完善。[②] 作为校长，必须运用变革型领导的技巧，使各式组织与团体起到应有的支持作用，将学校建成一个有凝聚力和持续性支持的共同体。

七、教育行政部门应扮演"引导""服务"及"无为"的角色

众所周知，教育行政部门的"全能型"课程管理不仅控制课程计划的制订、教材的开发和审定，而且还渗透到诸如教学进度、教师对教材的处理方式等课程实施领域。如此"全方位"的管理无情地剥夺了校长的课程领导权力，极度窄化了校长课程领导的权限，完全边缘化了教师的专业自主权。这样的管理方式哪里还有校长的课程领导权，何谈教师的专业自主权。所以，要实现课程改革的目标，教育行政部门也应该转变课程领导的理念，其角色也应该由"控制者"转变为"引导

---

① 龚冬梅.利用社区资源开发需求主导型校本课程[J].吉林省教育学院学报，2008，(24)3：41-42.

② 张世钦.校长课程领导力的构架与建设[J].中国民族教育，2013(4).

者"。"引导"意味着教育行政部门变有形的行政干预为无形的引导，将地方和学校视为自主的、有创造力的课程决策主体，给校长的课程领导留下足够的空间与选择。教育行政部门的这种"无为"是辅佐校长的课程领导而不是肆意控制的真正无为，其结果是大有所为。

教育行政部门的管理方式由"全能型"走向"服务型"，不仅意味着从资料、信息、技术、人员培训等方面为校长领导课程提供必要的服务，而且还表征着课程管理手段由行政命令为主变为以法律或经济手段为主，对学校内部的事务有所为，有所不为，从而使校长司其职、归其位，真正发挥自己的领导潜能。[1]

那么，教育行政部门对课程的管理怎么才能实现由"控制"走向"引导"、由"全能型"走向"服务型"，以至"无为"的境界呢？

(一)赋予校长课程领导的权限

校长发挥课程领导职能的前提条件是学校成为课程管理的主体，而学校能否真正成为课程管理的主体，首先取决于上级教育行政部门能否"放心"地真正赋予学校课程管理的权力。学校课程权力的增多，在某种程度上意味着上级教育行政部门课程管理权力的减少。因此，一般而言，欲让上级教育行政部门真正赋权于学校，确实是一件比较困难的事，一方面是基于他们自身利益的考虑，另一方面是由于多年形成的课程管理意识与习惯使然。因此，为了学校课程管理的有效实施，首当其冲的是各级教育行政部门和教研机构要切实转变旧课程管理观念，对学校课程管理有所为有所不为，抓住重点，放开其他，管

---

① 李宝庆，靳玉乐．课程改革道家哲学的观点[J]．教育研究，2005(12)：35-36.

得合理，管得有效。地方教育行政部门在确定课程规范时要把握好"度"，为校长的课程领导提供更大的空间。

有研究者指出，在学校课程领导中，出于教育专业的需要，校长应该被赋予一定的、特殊的课程权力：①学校课程规划审议权；②参与校本课程开发的决策权；③学校课程社群的领导权；④教师的聘用权；⑤教师课程实施的监控和督导权。在学校课程体系的建设中，首先对本校课程进行"盘点"。在传承本校优良课程传统的基础上，根据国家和地方的课程设计，结合本校教师师资状况和专业发展水平，对学校已经开设的课程和空无课程（null cucrrciuulm）①进行规划和审议，协商课程资源的开发、利用和分配，在忠实国家课程标准的基础上研制学校层面的课程标准，校长应领导制订以学习为中心的课程表；进行课程成本预算，争取教育主管部门的经费支持；研究课程统整的方向和内容，对教材包括教科书的选择和任课教师的人选提出建议。校本课程与地方课程、国家课程一起构成学校的课程体系。

教师是学校课程实施的主体，是学校课程质量的决定者，因而在该种意义上有"课程即教师"之说。教师的专业水平、课程意识、学科视野、教育境界和精神气质直接决定课程文本意义阐释的深度和课程意义转化的可能。作为课程领导之一的校长，一方面有权对教师实施课程的进度、课程呈现方式以及对国家课程和地方课程是否忠实执行等课程实施过程进行专业判断和督导并提出建议；另一方面可以根据课程实施的需要，有权聘用具有一定专业水准和教学风格的教师组建

---

① 空无课程：指在计划中还没有实施的可能的课程。比如在当下大多数学校中，诸如性教育、生命教育、公民教育、经济学常识等课程还没有进入学校课程实践中。对这些学校而言，这些规划中的课程就属于空无课程。

合作团队，同时，对个别放弃专业发展、抵制课程变革，已经不能适应儿童个体发展和社会需求的教师，校长经与教师委员会协商有权不聘用，从而保证学校课程的发展。①

当然，以上校长课程权力的有效实施，需要得到上级教育行政部门的大力支持，否则，学者们的建议仅仅是纸上谈兵而已。

（二）重在对课程实施过程的服务和支持

长期以来，教育行政部门对学校的课程管理一直比较注重对课程实施结果的检查和评价，这已成为一种历史惯性，其结果是把学校的主要精力引向目标、结果，引向考试、测验，引向验收、评比。这主要是因为教育行政部门的课程管理仍停留在对学校的控制和检查上面。在三级课程管理体制下，各级教育行政部门要考虑转变观念，适应新课程的要求，为学校提供服务与支持。地方各级教育行政部门在推动新课程改革的过程中要协调好地方与地方、学校与学校之间的关系，整合有限的教育资源，形成课程改革共同体，提升教育系统的内部活力，推动区域教育质量的整体提高。要为学校的课程改革提供足够的专业支持，经常组织专家到学校指导，有计划地组织教师的专业培训。要为学校的课程改革提供足够的舆论支持，做好面向社会和广大家长的宣传工作，使他们积极参与到学校的课程改革中来。要为学校提供组织保障和经费支持，以保障学校课程改革的顺利进行。②

---

　　① 钟启泉，岳刚德．学校层面的课程领导：内涵、权限、责任和困境[J]．全球教育展望，2006(3)：9．

　　② 教育部基础教育司，教育部师范教育司．新课程的领导、组织与推进[M]．北京：高等教育出版社，2004：59-60．

(三)改革对学校的评价制度

改革考试评价制度，是推进新课程改革不可避免的任务，是解除校长后顾之忧的有力举措。在校长领导校本课程开发的过程中，以考试成绩为中心的评价方式制约了校长组织决策、自主利用当地社区和学校的课程资源，使已经开发的校本课程没有获得应有的地位，甚至被严重挤压，难以生存。所以，教育行政部门在评价校长的领导效能方面，也应有所修正，应从只重视行政领导效能和学生考试成绩的评价，转变为以课程和教学效能为主的评价，并将评价的结果提供给校长参考。上级教育行政部门可考虑建立校本课程开发考评小组，将学校有无校本课程开发的计划、实施校本课程开发的过程与结果等一系列问题做细致、具体的记录和评估，把评价的结果作为上级教育行政部门考核、评估学校的重要内容和标准之一；对教师的评价，可从教师参与校本课程开发的意识、态度、行为表现、贡献及所取得的专业成长等多个维度进行；对学生的评价，应注意考查学生基于校本课程开发而获得的个性发展、实践能力、创新精神等。

总之，以评价促发展，以评价促学习，真正把"为了每一位学生的发展"作为基础教育改革与发展的目标。

(四)为校长课程领导创造条件

1. 采取多种措施，提升校长课程领导的意愿

上级教育行政部门对于校长的课程领导应表现出足够的支持，提供必要的资源，应办理相关的培训班和研讨会，鼓励相关课程领导的研究，设计奖励制度。让校长觉得除了本身有实施课程领导的必要性

以外，也要感受到上级部门领导的充分支持与奖励，因而愿意投入更多的时间和精力在学校的课程领导事务上。如此，将有助于提升校长进行课程领导的意愿与能力。

2. 调整急功近利的心态，给学校和教师适度的成长空间

教育行政部门的急功近利，往往会产生揠苗助长的后果。因此，教育行政部门在推动改革之际，应制订出可行的推进计划，按部就班、循序渐进地进行考核评估。否则，要求学校短时间里拿出成效，只能让评估成为书面资料的堆砌，甚至迫使学校不得不用做假来应付，不仅使改革的理念无法深入教师的内心，而且会使教师对改革失去信心，让校长的课程领导陷入更加难以突破的困境。①

---

① 张文. 校长课程领导之研究[D]. 济南：山东师范大学，2006：36-38.

结　语

　　课程领导是适应教育改革发展需要、替代传统的课程管理而出现的一个专业术语，它体现了一种民主、开放、沟通、合作的管理新理念。课程领导是一个多层次系统，而校长在学校层面的课程领导是国家课程、地方课程和校本课程在学校贯彻、落实的重要保证，它所指向的是学校课程品质的提升和学生身心的和谐发展，最终实现教育的目的。

　　在多元化发展的时代，卷面分数的高低不再是衡量学生能力的唯一标尺，教育的目的应当是站在学生更为宽广和长远的发展平台上，全面塑造他们的知识体系、能力构成和人格魅力，而不是拘泥在某个阶段学习生涯的分数上。为实现这一目的，只有全面提升校长的课程领导能力，超越传统的管理模式，以校长的影响力为基础，与行政人员、教师、家长、专家学者等相关人员紧密地结合，使各成员在同一个教育团体中构建远景、达成共识，并朝着一个共同的教育目的前进，才能使现代教育实现真正的价值。提升校长的课程领导能力是时代发展的必然趋势，校长课程领导相比于传统的课程管理，对学生而言，影响他们的不仅是一时分数的起伏，而且是一生中人生价值的不断实现。

后　记

　　校长课程领导力是近年来在我国教育学术界日益受到重视的一个研究课题，并日渐影响着学校课程实践和校长的管理与领导方式。在目前我国基础教育课程改革不断深化的背景下，正确理解校长课程领导力的含义、校长课程领导力的构成要素、校长在课程领导中所应扮演的角色，以及如何提升校长课程领导力等都具有重要的意义。

　　校长是学校的一把手，应该是课程领导的主体，要明确并引领课程的改革方向。同时，校长在学校课程领导中，需要得到教师和学生的支持，需要拥有众多的同行者和支持者。校长在课程改革的过程中，还应该成为一个学习者和自我反思者。校长作为课程领导者，不仅要熟悉课程事务，在课程变革中进行专业引领，而且还要善于综合协调校内外事和人的关系，保障课程变革得到顺利实施。可以说，这种专业引领和行政协调是我们今天所提倡的团体协作、同伴互助的基础，没有校长的课程领导，也就没有课程改革的推进动力。

　　但是，在对校长课程领导力的调查中，发现有不少问题值得我们重视，例如，有些校长的课程领导意识淡薄，课程领导的专业知识欠缺，课程的规划能力不足，课程评价方法单一，并且缺少课程领导的同行者，还有一些校长忙于校务而疏于对课程的领导，等等。希望本书内容能够引发校长在课程领导方面的一些思考，能够在相关理论的指导下，对校长的课程领导力的提升有一定的帮助作用。

本书的总策划由郭德侠负责，并且负责第四、五、六章的编写和最后的统稿工作；本书的第一、二、三章分别由吴朝宁、刘又澈和郭艳庆负责编写，并由郭德侠最后修改定稿。

本书内容可能存在一些疏漏和不足，敬请各方指正！

郭德侠

2015 年 8 月 3 日